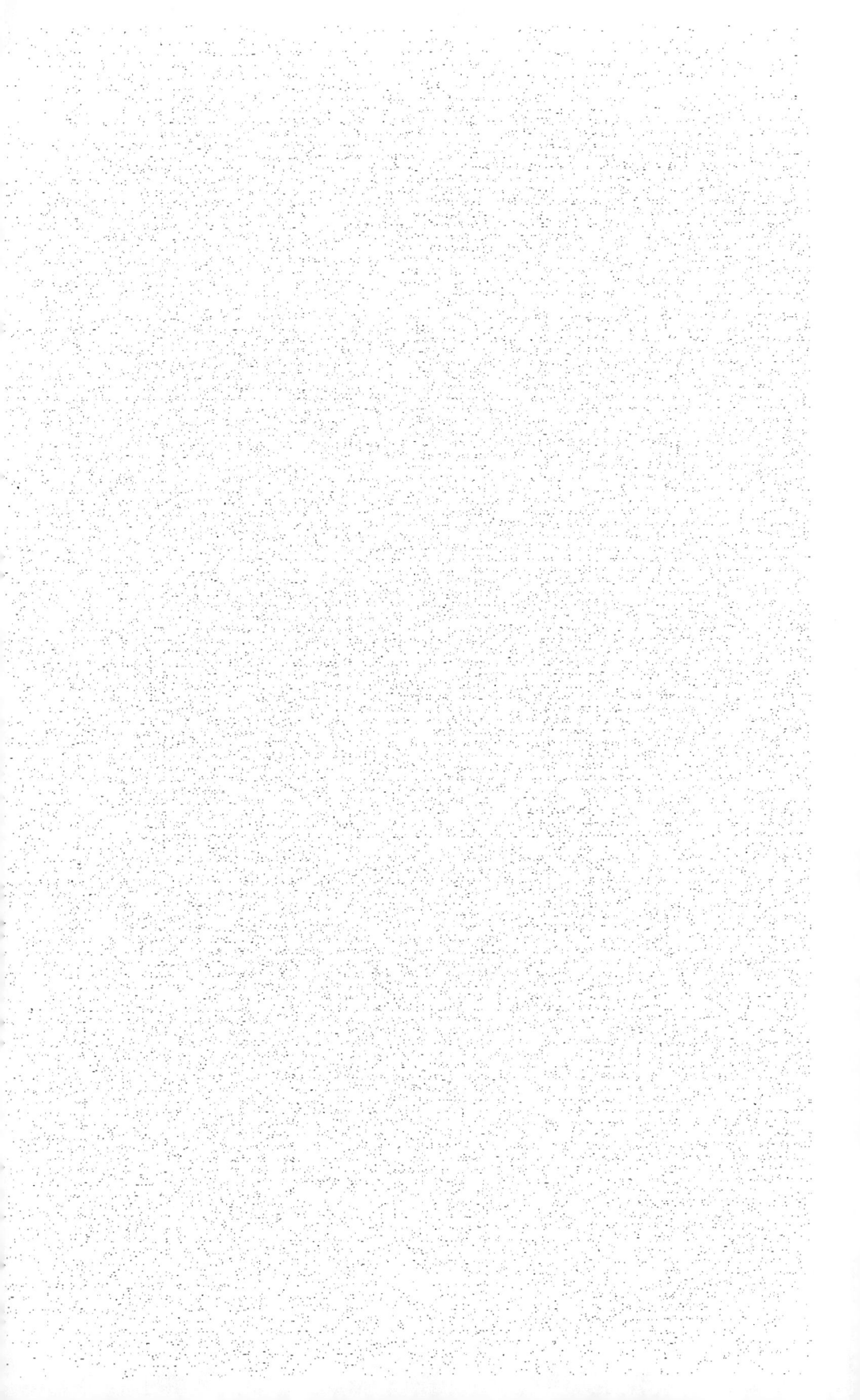

HISTOIRE

DE

L'UNIVERSITÉ D'AIX

PAR

Le Docteur Félix CHAVERNAC

Ancien aide d'Anatomie de la Faculté de Montpellier (Conc. 1863);
Lauréat, *Médaille d'Or*, de la même Faculté (Conc. 1864);
Lauréat **Prix Donné** (Conc. 1864);
Membre de la Société de Médecine et Chirurgie pratiques de Montpellier;
Mention très honorable (Concours de Prosectorat 1866);
Ancien Chirurgien Chef-Interne des Hôpitaux d'Aix (Conc. 1866);
Agrégation de Chirurgie, mention très honorable (Conc. 1868);
Académie de Médecine, Médaille de bronze (épidémies 1870-71);
Membre de la Société Française d'Ophthalmologie;
De l'Académie d'Aix;
Correspondant de la Société de Médecine légale de France;
de la Société Anatomique de Paris, etc. etc...

Liber Libro

Ier FASCICULE

AIX

IMPRIMERIE ET LIBRAIRIE ACHILLE MAKAIRE

2, rue Thiers, 2

1889

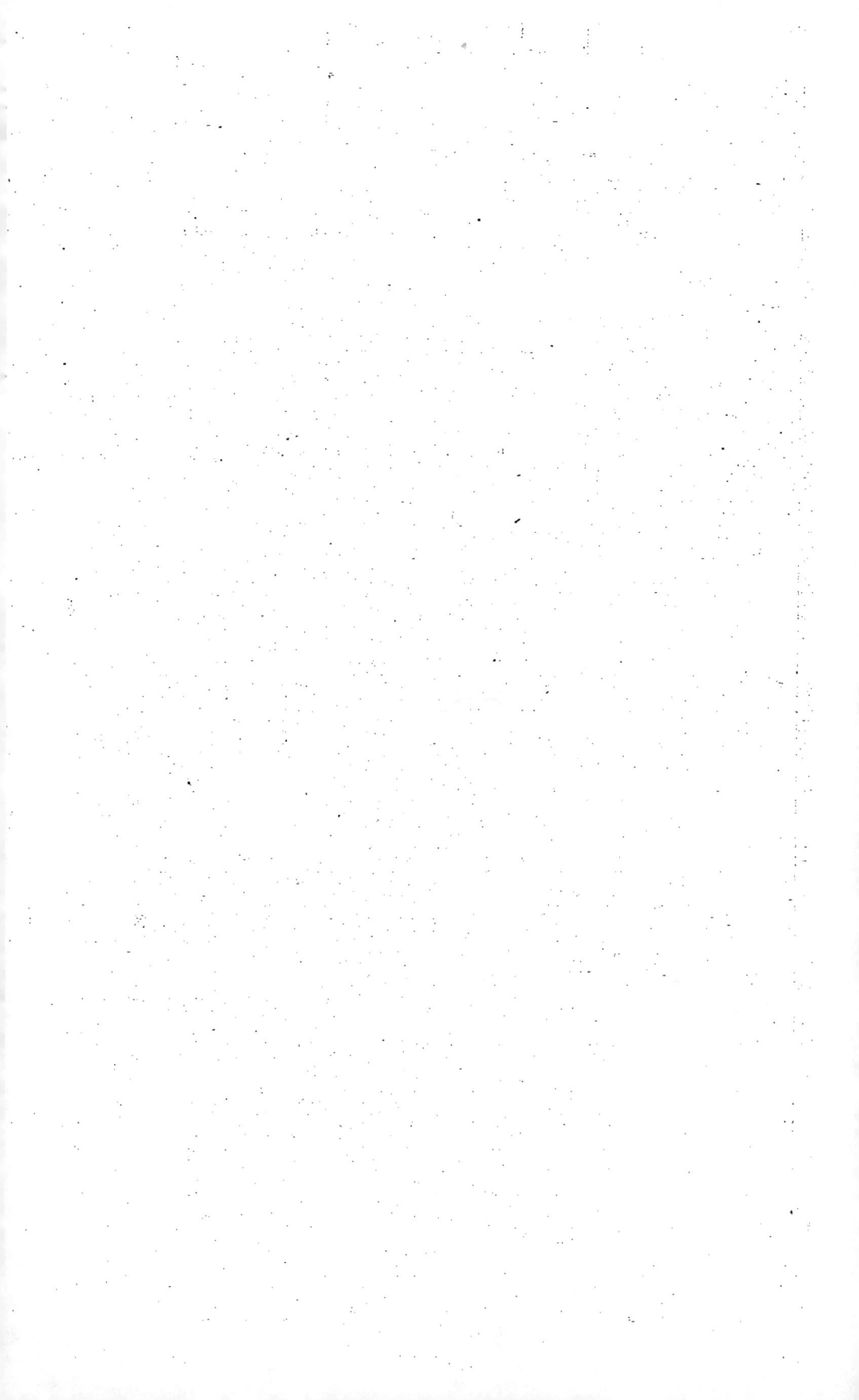

HISTOIRE

DE

L'UNIVERSITÉ D'AIX

PUBLICATIONS DU MÊME AUTEUR

Notice sur l'ophthalmoscope du docteur Galezowski.

Diagnostic différentiel des maladies du tissu irido-choroïdien.

Etude sur les causes et la nature de l'Héméralopie.

Prophylaxie de la petite vérole à l'usage des gens du monde.

Nouvelle méthode de réduction de la hernie étranglée.

Traité d'Anatomie chirurgicale. Les régions classiques du corps humain, avec une préface du professeur Bouisson.

Observation d'hydrophobie, in Union médicale 1879.

Etude clinique sur l'inversion de l'Utérus, avec cinq figures lithographiées par l'auteur.

Extraction de la cataracte. Retour à la méthode de Daviel.

ETUDES HISTORIQUES

La vie et les manuscrits du docteur Tournatoris (deuxième édition.)

La mort d'Hippocrate (légende).

Deux médecins et un spagyrique à Aix en l'an 1600.

Testament de Jacques de La Roque, fondateur de l'Hôpital Saint-Jacques d'Aix (1532). Texte latin avec traduction en regard. — Spécimen paléographique.

Le botaniste Garidel.

Lieutaud, médecin de Louis XVI.

Ecole provençale de lithotomie.

La Maison du Roi René.

Condamnation de Jésus-Christ (texte de l'arrêt).

Eloge du professeur Blondeau, Discours de réception à l'Académie d'Aix.

Le Professeur Astruc et un huissier au Parlement d'Aix.

HISTOIRE

DE

L'UNIVERSITÉ D'AIX

PAR

Le Docteur Félix CHAVERNAC

Ancien aide d'Anatomie de la Faculté de Montpellier (Conc. 1863);
—Lauréat, *Médaille d'Or*, de la même Faculté (Conc. 1861);
Lauréat, **Prix Donné** (Conc. 1861);
Membre de la Société de Médecine et Chirurgie pratiques de Montpellier;
Mention très honorable (Concours de Prosectorat 1866);
Ancien Chirurgien Chef-Interne des Hôpitaux d'Aix (Conc. 1866);
Agrégation de Chirurgie, mention très honorable (Conc. 1868);
Académie de Médecine, Médaille de bronze (épidémies 1870-71);
Membre de la Société Française d'Ophthalmologie;
De l'Académie d'Aix;
Correspondant de la Société de Médecine légale de France ;
de la Société Anatomique de Paris, etc. etc...

Liber Libro

Iᵉʳ FASCICULE

AIX

INPRIMERIE ET LIBRAIRIE ACHILLE MAKAIRE
2, rue Thiers, 2
1889

HISTOIRE

DE L'UNIVERSITÉ D'AIX

Qui nescit primam esse historiæ legem
ne quid falsi dicere audeat, deinde ne quid
veri non audeat ? (Cicéron, De Orat. I. II)

**Développement de l'instruction publique en
Provence.** — Les grands centres d'enseignement, qui se sont
établis dans les diverses contrées de l'Europe depuis le Moyen-
Age jusqu'à la Révolution française, sont très intéressants à
étudier au double point de vue de leur histoire personnelle et
de leurs rapports avec le progrès intellectuel. On peut même
dire que leur fondation a toujours coïncidé avec le reveil
littéraire d'un pays ou avec les efforts tentés par les gouvernements pour dissiper les nuages de la barbarie.

Le nom d'*Université*, UNIVERSITAS, qui, au Moyen-Age, servait à désigner une corporation ou une communauté quelconque, fut au XII⁰ siècle spécialement consacré à la généralité
des maîtres et écoliers de Paris, et à partir de ce moment chaque centre enseignant s'appropria cette dénomination à cause
de l'université des connaissances qu'on y démontrait. On disait
universitas magistrorum et auditorum.

Suivant certains chroniqueurs, l'Université d'Aix fut établie
au commencement du XV⁰ siècle. Deux versions ont été four-
nies pour fixer à cette époque son extrait de naissance. On

peut voir, en effet, dans les statuts de cette Université, imprimés pour la première fois en 1660 (*nunc primum typis mandatæ*) cette suscription :

Fundatio Regiæ Universitatis aquensis a Ludovico II istius provinciæ comite die ultima mensis decembris 1413, et à la suite :

Confirmatio institutionis regiæ Universitatis aquensis ab Alexandro V pontifice maximo... Datum Pistoii quinto idus decembris Pontificatus nostri anno primo.

Cette assertion est entachée d'erreur, attendu que le pape Alexandre V était mort quatre ans avant l'époque de cette fondation (1413). On lit effectivement dans l'histoire des papes et dans le grand bullaire qu'Alexandre V fut élu à Pise le 9 juillet 1409 ; or il ne siégea que dix mois et 8 jours, étant mort le 5 des nones de mai 1410. Il ne peut donc avoir confirmé une fondation qui n'aurait été faite qu'après son décès. Anachronisme que n'aurait sans doute pas commis l'historien, si de tant de docteurs sortis de cette Université, quelqu'un avait pris la peine d'écrire son histoire. Plusieurs catalogues de docteurs ont vulgarisé cette erreur.

La seconde version, extraite aussi d'un autre catalogue, dit :

Fundata est Universitas per summum Pontificem Alexandrum V, anno salutis 1409.

Confirmata per Ludovicum II, Regem Hierusalem et Siciliæ, comitem hujus Provinciæ Narbonensis anno 1414 diplomate ipsius, ejusdem anni.

Ce document serait plus exact quant aux dates; mais on ne comprend pas que le pape ait pu avoir l'initiative d'une pareille institution dans un pays où il n'avait pas la juridiction temporelle. Il serait donc plus logique de dire que, sur la demande de Louis II, comte de Provence, le pape Alexandre V avait confirmé les nouveaux privilèges que le Comte octroyait à l'Université.

Les auteurs se sont servis, suivant la coutume de cette époque, du mot « fondation » pour indiquer les réformes apportées par Louis II à l'enseignement universitaire, et non pour dire qu'il était le véritable créateur de cette institution, faite

depuis longtemps, mais en pleine décadence lors de l'avènement de ce prince à la couronne de Provence.

La fondation remonte plus haut. Il existe en effet des titres
authentiques qui prouvent que la ville d'Aix possédait, au
commencement du XIIᵉ siècle des facultés de Théologie et de
Droit, dont la création est due à un des comtes de race catalane, Ildefons ou Alphonse Iᵉʳ, roi d'Aragon et comte de Provence. Quant à Louis II, il n'a été que le restaurateur de
cette institution à une époque où le relâchement de la discipline et une foule d'autres causes l'avaient complètement
ruinée.

Ce qu'il y a de certain c'est que les écoles publiques ne sont
pas l'invention de l'ère chrétienne. En jetant un regard rétro-
spectif sur l'histoire générale des temps antiques, on voit que
ceux qui ont autrefois posé les bases des républiques et des
monarchies, ont toujours pris un soin particulier de propager
la connaissance des sciences et des lettres. Il est bien difficile
aujourd'hui de remonter à l'origine des connaissances humaines et il est encore plus difficile d'en suivre l'enchaînement et
d'en démêler les progrès à travers les premiers âges. L'histoire
du développement général des sciences nous montrera les
étapes successives qu'elles ont dû parcourir pour s'implanter,
germer et se développer en Provence.

On prétend que le roi Bélus (quelque chose comme deux
mille ans avant J.-C.) vit sous son règne plusieurs bons esprits devenir célèbres par la connaissance de l'astronomie et
des mathématiques; surtout les Chaldéens qui, au rapport de
Diodore de Sicile, ont tenu le même rang que les prêtres en
Egypte. Bélus les favorisa de tout son pouvoir et les affection-
na tellement qu'il leur accorda tout ce qu'ils désiraient. Il fut
donc le fondateur de la première université du monde. Pline
ajoute qu'il fut l'inventeur de la science astrologique (1).

Abraham enseigna la philosophie chaldéenne aux Egyptiens,
comme le témoigne Sᵗ Augustin :

Ut erudiret principes ejus sicut semetipsum et senes ejus
prudentiam doceret (2).

(1) Pline, liv. 6, chap. 26.
(2) St Augustin, ps. 104.

Le peuple d'Egypte demanda à Pharaon la permission d'ouvrir des écoles publiques pour y enseigner les mathématiques et les sciences hiéroglyphiques (1). Le roi ne voulant pas rester en arrière des rois de Babylone se piqua de générosité et fonda la célèbre Académie d'Héliopolis, la première de l'Egypte.

Un de ses successeurs, Osymandias, y fit bâtir, avec une magnificence toute royale une bibliothèque publique où il rassembla tous les ouvrages des meilleurs auteurs de l'Antiquité, et sur le frontispice il fit écrire : « *Remèdes de l'âme.* » Après plusieurs siècles d'existence, cette Université fut transférée à Alexandrie par Ptolémée Philadelphe, qui, par ses libéralités et ses faveurs, l'éleva jusqu'au comble de la perfection, à cause du grand nombre d'hommes éminents qu'il y rassembla. Cette école fut encore florissante longtemps après la publication de l'Evangile et ce fut dans son sein que Dydimus, Origène, Dyonis, Athénodore et St Athanase enseignèrent la théologie.

Moïse, l'auteur du Pentateuque, institua, au sortir de l'Egypte, le fameux collège des docteurs de la loi pour instruire la jeunesse et lui expliquer les difficultés de l'Ecriture. Mais après la conquête de la Palestine, les Juifs étant retombés dans l'esclavage, cette école ne fut plus fréquentée.

Salomon, 3e roi des Juifs, le plus sage et le plus savant de tous les rois (2), fit bâtir pour la docte compagnie un superbe collège sur la montagne de Sion :

In vertice montis Sion est non magna planicies, in qua fuerunt septem synagogæ, ubi populus Judæorum conveniens legem per Moysem datam discere potuisset (3).

---

(1) Le British Muséum possède des briques provenant des ruines de Babylone, et sur lesquelles on retrouve l'empreinte de plusieurs syllabaires, des caractères hiéroglyphiques et archaïques, expliqués par l'alphabet cunéiforme, et enfin des paradigmes de conjugaison chaldéenne.　　　　(Acad. des Inscript. et Belles-Lettres, T. 20).

(2) On lui attribue les *Proverbes,* le *Cantique des Cantiques,* l'*Ecclésiaste,* le *Livre de la Sagesse.*

(3) St Optat, évêque de Milève, liv. 3, contre Parménion.

Les sept colonnes, qui soutenaient ce temple, représentaient les sept synagogues où l'on enseignait autant de sciences différentes. On y conviait les personnes à des banquets, à cause de cette louable coutume qu'avaient les anciens de conférer en leurs festins. Cet usage a subsisté longtemps dans les Universités de France.

Cette école célèbre, ayant pour chef un roi, qui prenait la peine d'y enseigner lui-même son peuple, attira une foule d'auditeurs des nations les plus éloignées.

Veniebant de cunctis populis ad audiendam sapientiam Salomonis (1).

Les Phéniciens profitèrent les premiers de ces instructions, et comme ils étaient essentiellement navigateurs, ils portèrent dans toutes les parties du monde la connaissance des lettres.

Les Grecs apprirent d'eux l'écriture. Thalès, le plus ancien des sept sages de l'Antiquité, leur expliqua les questions les plus ardues de la philosophie dans l'*Ecole Ionienne* qu'il fonda à Milet. Il reconnaissait la divinité et disait que tout est plein de Dieu. Il a été des premiers à fournir l'explication physique des éclipses. Pythagore, Anaxymandre, Phérécyde, Héraclite, Aristote et Platon allèrent se former aux leçons de l'illustre professeur milévitain. Après une suffisante instruction, les deux derniers retournèrent à Athènes où ils enseignèrent publiquement la jeunesse et contribuèrent puissamment à l'illustration des écoles de cette ville.

Vers le commencement du VIe siècle, c'est-à-dire 599 avant notre ère, à l'époque où Tarquin l'ancien régnait à Rome, des navigateurs partis de Phocée, (actuellement Fokia à 42 kil. nord-ouest de Smyrne) en Asie mineure, sous la conduite d'*Euxène* ou *Protis* et de Simos, selon Aristote, Plutarque et Justin (2) abordèrent au littoral de la tribu des Ségobriges,

(1) Ecriture, au 3e des Roys, chapit. 4.

(2) Aristote, Fragmenta, t. IV, p. 276. Coll. Did. — Plutarque, Vie de Solon, chap. ii, p. 95. Coll. Did. « Il y a eu même des commerçants qui ont fondé de grandes villes, comme Protis qui fonda Marseille, après avoir acquis l'amitié et l'estime des Gaulois qui habitent le long du Rhône. » (Traduction de Dacier). — Justini, Historiæ Philippiæ. Lugduni Batavorum, 1683. Au livre 42 il dit : *Duces classis Simos et Protis fuere.*

établis au milieu de la grande tribu Ligure des Sallyes. La fille du roi des Ségobriges, appelée *Petta* suivant Aristote, *Gyptis* suivant Justin, ayant choisi Euxène pour époux, ce grec, avec les Phocéens ses compagnons, fonda *Massilia* (Marseille) où longtemps sous le nom de *Protiades* se perpétuèrent les descendants de Protos, fils d'Euxène et de Petta.

Par les relations commerciales qu'ils entretinrent avec les peuples côtiers de la Méditerranée, surtout avec la Provence et le Languedoc, les Phéniciens propagèrent leurs doctrines philosophiques dans ces contrées. Ils découvrirent même au roi Saron, dont parle l'historien chaldéen Bérose (1), les plus beaux secrets de leurs sciences. Strabon, parlant de l'arrivée des Phocéens à Marseille, dit que tous les Gaulois apprécièrent tellement les sciences divulguées par ces nouveaux Grecs, qu'ils firent venir dans cette ville avec de bons appointements plusieurs savants pour instruire la jeunesse dans l'étude des bonnes lettres et de la vertu.

L'historien Ammian confirme Strabon en disant que par le moyen de Marseille toutes les Gaules ont été peuplées de gens doctes.

Les écoles massaliotes devinrent si florissantes qu'elles rendirent la langue grecque commune dans une grande partie de la Gaule, au point qu'on dressa les contrats en grec, et au rapport de Strabon (2) et de César on s'en servit *in publicis privatisque rationibus*. L'usage de cette langue dans la Provence et dans les pays voisins fit prendre à plusieurs des noms grecs; la langue du pays conserva une teinture de la prononciation phocéenne, comme le remarque Erasme dans son traité de la prononciation : « *Galli vulgò pro* θύειν *dicunt* tuer, *id est mactare* », et non-seulement dans le français littéraire, mais aussi dans plusieurs dialectes du provençal il est resté quelques mots d'usage vulgaire : frissonner, caresser, moquer, agonie, golfe, amphigouri, lourdaud, moustache.... etc. viennent de φρίσσειν frémir, καρίζεσθαι caresser, μωκαν moquer, αγωνια lutte, κολπος golfe, γυρα autour et γυρος cercle, λοξος im-

(1) Liv. III de ses Antiquités.

(2) Strabonis rerum geographicarum, 1587.

bécile, μυσταξ moustache..... etc. Il y a encore dans la langue
provençale certains mots auxquels M. Pons a cru reconnaître
une origine phénico-punique, explicable par les relations commerciales des Carthaginois avec les habitants de notre littoral
méditerranéen (1).

Le roi Saron émerveillé des connaissances de ce peuple na-
vigateur, fonda alors dans cette partie des Gaules une Université dont les disciples, théologiens ou philosophes, furent appelés *Saronides*, et au dire de Diodore de Sicile (2) les Gaulois
ne tentèrent jamais aucune entreprise sans leur avis.

« *Cum de magnis rebus consulunt Galatæ et sacra fa-
ciunt, Saronides adhibent... etc.* »

Ils composèrent des volumes entiers tant de leurs lois que
de leurs doctrines (3).

Il est à peu près certain que cette académie avait son siège
à Toulouse ; on l'appelait *Palladium*, à cause du grand
exercice qui s'y faisait des arts et des sciences dont Pallas ou
Minerve était la déesse. Cette épithète, dont la patrie de Clémence Isaure se pare encore de nos jours, se trouve aussi dans
une des épigrammes de Martial :

« *Marcus Palladiæ non inscienda Tolosæ
Gloria, quem genuit pacis amica quies.* »

Le poète Ausone (340) fut élevé dans cette école ; il répéta

(1) Mém. de la soc. des Antiq. de France, t. 1, p. 54, 61. — 1817.

(2) Diodori Siculi. Bibliothecæ historicæ, lib. 5, p. 308.

(3) Dans une histoire de l'Université de Paris de 1665, de Cæsaris
Egassi Bulæi t. 1, il est dit que les Gaulois commencèrent à cultiver les
sciences sous Samothès leur 1er roi, frère ou fils de Gomer, petit-fils
de Japhet, environ 140 ans après le déluge ; que Magus, second roi des
Gaules, prince sage et excellent philosophe, qui succéda à son père
2000 ans avant J.-C., institua dans ses États les premières études des
lettres ; qu'après lui son fils Saron lui succéda et ajouta à l'étude des
belles lettres celles de la théologie. Ceux qui la professèrent s'appelè-
rent Saronides ; que Dryus, fils et successeur de Saron, établit les Druides, et Bardus les Bardes,

l'épithète flatteuse en célébrant la mémoire d'Æmilius Magnus Arborius, son oncle :

« *Te sibi Palladiæ ante tulit toga docta Tolosæ.* »

Il alla ensuite professer pendant trente ans les belles-lettres à Bordeaux, sa patrie. Il fut précepteur de Gratien, fils de Théodose le Grand.

Dans ce temps-là, le pays enclavé entre les Alpes, la mer de Ligurie, le Rhône et les Cévennes, qui portait le nom de *Gaule Narbonnaise*, parlait communément la langue latine. Rome et Marseille eurent de bonne heure de nombreuses relations et par ce moyen il y eut entre les deux pays un échange mutuel de coutumes, de sciences et d'art. Rome apprit de Marseille la langue grecque, qui y était devenue si vulgaire que du temps de Cicéron les femmes la parlaient encore, comme leur langue maternelle. Cicéron lui-même ne plaida point en d'autre langue pendant les premières années qu'il brilla dans le barreau. (Suétone).

Réciproquement Marseille apprit de Rome la langue latine et dès lors les Massaliotes parlèrent trois langues : la grecque qui était celle des Phocéens, leurs fondateurs ; la latine que les Romains leur avaient apprise, et la gauloise ou celtique qui était la langue nationale. Aussi Varron les appelait-il *triglottes* ou *trilingues*. Tacite donne à cette ville le titre glorieux de siège et de maîtresse des études et des sciences.

L'ordre suivi dans les études de cette époque commençait par la grammaire. Elle comprenait non-seulement l'étude de la langue nationale mais aussi celle du grec et du latin, en se servant d'Homère et de Démosthène pour l'une, de Cicéron et de Virgile pour l'autre. De la grammaire on passait à la poésie, à la philosophie et à la rhétorique. Puis après avoir donné quelque temps à l'histoire, on finissait par une étude sérieuse des écrits de Cicéron. Cet ordre suivi dans les écoles de Marseille fut plus tard conseillé, sous l'empire de Néron, aux jeunes gens qui voulaient se rendre habiles dans les sciences (1).

(1) Pétrone. Satyricon.

Dans ce temps de paganisme, alors que l'école de Marseille était en honneur, la Gaule possédait encore trois sortes de dépositaires de la religion et des sciences : les *Bardes*, les *oüates* ou *Eubayes* et les *Druides*. Les premiers étaient les poètes de la nation et les maîtres du chant. — Les seconds faisaient les sacrifices et s'appliquaient à la recherche des choses naturelles. — Enfin les Druides se mêlaient de philosophie et de science. Ils étaient tout à la fois les prêtres, les philosophes, les médecins, les jurisconsultes, les rhéteurs, les orateurs, les mathématiciens, les astrologues, les précepteurs de la jeunesse, et peut-être même les magiciens des Gaulois. Ces fonctions multiples les faisaient vénérer plus que les autres. Malheureusement ils s'étaient imposé la règle de ne rien laisser par écrit, dans la crainte d'avilir leur doctrine en la rendant trop commune. Ils n'enseignèrent que de vive voix et défendaient rigoureusement à leurs élèves de mettre leurs leçons par écrit. Etrange entêtement qui a jeté les historiens dans l'ignorance de leurs actions même les plus mémorables ! Les ouvrages des anciens philosophes se perdirent donc par négligence et par usure du temps. Les sciences et les lettres marchèrent rapidement vers une décadence profonde et les esprits retombèrent dans l'obscurité.

Plus tard la Gaule, succombant sous le génie militaire de Jules César et la puissance de ses armées, fut inscrite au rang des provinces romaines. Bientôt vainqueurs et vaincus se confondirent, grâce aux intérêts et au langage devenus communs. Il se produisit alors dans les Gaules un réveil général des esprits qui les poussa vers l'étude. Les arts et les sciences furent cultivés dans les principales villes : Marseille, Arles, Aix, Lyon, Autun, etc..... La Provence fut la première province des Gaules annexée par les Romains ; c'est de là qu'elle tire son nom : *pro victa*, pour vaincue, subjuguée ; elle fut aussi la dernière à être démembrée de l'empire, et la dernière à reconnaître la domination des princes Goths. La ville d'Aix a été la dernière à se détacher de l'empire Romain, et comme elle a toujours été la capitale de la Provence, les sciences et la galanterie ont été longtemps en honneur au sein de sa population qui a mérité le surnom de *gens hilaris et jocunda* (1).

Les Provençaux étaient presque barbares avant que le joug des Romains s'appesantit sur eux. Quatre causes concoururent à les civiliser : 1° le gouvernement Romain ; — 2° les colonies romaines distribuées dans les lieux les mieux situés de la Provence; — 3° la liberté de parvenir aux premières charges de la République ; — 4° le voisinage de Marseille où régnait encore l'urbanité des Grecs.

Les Gaulois, voyant que les sciences étaient la voie ordinaire pour arriver aux fonctions publiques, les cultivèrent avec ardeur. Les écoles se multiplièrent dans leurs provinces et y devinrent très florissantes. Les élèves, qui en sortirent, excellèrent dans l'art de l'éloquence, la science des lois et la médecine : tels furent Vibius Gallus, Votienus, Montanus, le célèbre avocat Domitius Aser, Agrotas, Claudius Quirinalis, les médecins Charnier et Crinas. De là vient que St Jérôme appelait la Gaule « *Facundam* ».

Lorsque l'empereur Auguste, successeur de César, passa dans les Gaules vers la cinquième année de son règne (2), il y établit l'ordre de gouvernement suivant les lois romaines. Il y créa des préteurs, des proconsuls et des questeurs qui rendaient la justice en latin, ce qui obligea les Gaulois à parler le langage des vainqueurs et le latin prit dès lors un grand développement.

Mécène, le protecteur éclairé des savants de cette époque, conseilla sagement à l'empereur Auguste, d'avoir un soin tout particulier des écoles publiques et de se montrer libéral envers les gens de lettres, s'il voulait se maintenir longtemps dans la possession de l'Empire. Auguste mit ce conseil en pratique avec tant de magnificence qu'il donna en une seule fois 250,000 écus à Virgile.

Plus tard, renchérissant sur ses précédentes libéralités, il

(1) Galaup de Chasteuil. Arcs de triomphe.

(2) De Tillemont, Hist. des Empereurs et des autres princes. Paris, 1690-1701

donna au poète 250 écus pour chaque vers qu'il composa sur la mort de Marcellus (1).

Vespasien, quoique taxé d'avarice en toutes choses, entretint richement les écoles publiques et rétribua largement ceux qui enseignaient la grammaire.

Marseille, à cette époque, voyait prospérer son commerce et sa grandeur. Elle était le séjour des Muses, la source des beaux arts et la pépinière des savants. Elle passait pour une des plus célèbres, comme une des plus anciennes académies du monde. Cette ville était une école publique de sagesse et de science, où l'on apprenait à régler ses mœurs et à devenir savant. Ses écoles se remplirent et acquirent tant d'éclat, que Cicéron l'appelait la « nouvelle Athènes, l'abord universel, le confluent de la politesse et des belles-lettres, *Novas Galliarum Athenas litterarum et civilitatis emporium.*» — C'était autant à l'éducation qu'Agricola y avait reçue qu'à son heureux naturel, que Tacite, son gendre, attribue le mérite des vertus de son beau-père : *Parvulus sedem et magistram studiorum Massiliam habuit, locum græcâ comitate et provinciali parcimoniâ mixtum et bene compositum* (2).

La ville d'Aix n'a jamais eu autant de prestige qu'à l'époque voisine de sa naissance. Capitale de la Gaule Narbonaise, qui par l'agriculture, le mérite et les mœurs de ses habitants, mérita d'être appelée une *autre Italie* (3), la ville d'Aix avait suivi l'exemple des vainqueurs, ses fondateurs, non-seulement dans la carrière des armes, mais encore dans les sciences humaines, et mérita avec raison le surnom de *nouvelle Rome dans la nouvelle Italie. (Ut Roma altera alterâ in Italiâ jure appellari mereretur)* (4).

(1) Liv. 6 Enéide. — L'auteur célèbre en beaux vers la mort du fils du premier lit d'Octavie, sœur d'Auguste.

(2) Tacite. Vita Agricolæ.

(3) Pline. Hist nat., liv. 3, chap. 4.

(4) Statuts de l'Université d'Aix, 1660. Discours préliminaire. « Aquensium musarum alumnis. »

La Provence s'honora d'avoir donné le jour à des hommes tels que *Pétrone*, *l'arbiter elegantiarum* de Néron, et dont on disait : *purissimæ latinitatis impurissimus scriptor ;* le prêtre épistolographe et moraliste *Salvien*, surnommé le nouveau Jérémie ; *Favorin*, le plus célèbre sophiste de son temps, qui après avoir fait preuve de son savoir dans les Gaules, alla se faire admirer à Athènes et à Rome, où il ne se trouva que le seul Plutarque qui lui fut comparable par le grand nombre de ses écrits. Il écrivait en grec sous le règne de l'empereur Adrien ; ses œuvres ne sont pas parvenues jusqu'à nous, mais nous savons qu'Aulu-Gelle en faisait le plus grand cas.

L'impulsion donnée par la ville de Marseille poussa les autres villes à gager des rhéteurs, des philosophes, des médecins pour tenir des écoles publiques.

Tibère, qui cultivait les belles-lettres, donna toute sa protection à l'école druidique d'Autun, et en fit une fameuse école de rhétorique tant par la magnificence et la beauté des édifices que par le bon choix des professeurs. Tacite rapporte que ces écoles, qu'on appela plus tard *Menienes* (2), furent fréquentées par les enfants des meilleures familles des Gaules. « *Nobilissimam Galliarum sobolem liberalibus studiis ibi operatam.* » L'expression, dont se sert l'auteur latin, fait croire qu'on y enseignait toutes les sciences connues chez les Romains.

L'Université de Lyon fut fondée par le petit neveu de Tibère, l'empereur Caligula, la troisième année de son règne, 40e de notre ère, et installée dans le temple que Drusus, quelques années avant la naissance de Jésus-Christ, avait édifié et appelé *Athenaeum* ou *Athenæum*. On y établit des tournois littéraires qui devaient stimuler les jeunes gens dans l'étude des belles-lettres ; des prix furent proposés pour ceux qui composaient le plus élégamment les discours en grec ou en latin (1), et des châtiments pour ceux qui s'en acquittaient

(1) *Panegyrici veteres*, par de la Baume, p. 143, nº 3.

(2) Suétone. *De Duodecim Cæsaribus*, lib. 4, nº 20.

mal. Les concurrents lisaient leurs pages d'éloquence en public; les vaincus étaient tenus d'offrir leurs prix aux lauréats et de faire leur éloge. Ceux qui avaient tout-à-fait mal réussi et que les auditeurs avaient sifflé, étaient condamnés à effacer leurs pièces ou avec une éponge, ou avec la langue, à moins qu'il n'aimassent mieux subir la peine de la férule ou être jetés dans le Rhône ou la Saône. Ces luttes oratoires se livraient devant l'un des deux autels du temple consacré à Auguste, au confluent de la Saône et du Rhône (1). La honte des fruits secs et la peine à laquelle ils étaient condamnés les rendait pâles et tremblants ; Caligula d'ailleurs était à cheval sur la discipline et entendait que ses ordres fussent ponctuellement exécutés. Aussi Juvénal, voulant parler de quelqu'un saisi de frayeur, le compare à l'orateur qui doit se faire entendre à l'Académie de Lyon :

Palleat ut nudis presssit qui calcibus anguem,
Aut Lugdunensem Rhetor dicturus ad aram.

. Pline second, apprenant que ses épîtres se vendent publiquement à Lyon, écrit à son ami Germinius : *Bibliopolas Lugduni esse non putavi* (2).

Deux siècles plus tard, l'empereur Constantin, qui aimait mieux habiter la Gaule que les autres provinces de l'empire, fit prospérer l'Université d'Autun, où ses libéralités attirèrent les hommes les plus savants du monde entier, entre autres le grand orateur Euménius (3) à qui il donna quinze mille écus de pension tous les ans, en le chargeant de diriger les écoles de la contrée.

Ce siècle fut plus brillant pour les sciences dans les Gaules

(1) Strabon, lib. 4, p. 132.
(2) 9° livre de ses lettres
(3) Il reste de lui quatre panégyriques insérés dans les *Panegyrici veteres* Paris, 1643.

que les précédents. A part le siècle d'Auguste, les études ne furent jamais plus florissantes dans nos provinces qu'en ce temps-là. C'est du moins l'opinion des gens les plus capables d'en juger : « *Studia galliarum*, disait le contemporain St Jérôme (1), *quæ vel florentissima sunt...* » En effet, les collèges se multiplièrent ; un grand nombre d'illustres professeurs travaillèrent à l'envi et enseignèrent dans les principales villes. De sorte que la Gaule semblait être devenue, comme autrefois Rome et Athènes, une pépinière de savants, d'où les autres provinces de l'Empire, dans lesquelles les sciences dépérissaient à vue d'œil, tiraient souvent des professeurs de grammaire et d'éloquence.

Comme l'empereur Constantin était très instruit, il sut inspirer à ses sujets le goût des lettres et ne négligea rien pour leur procurer les moyens de les cultiver. Nous avons de lui plusieurs lois qu'il édita dans cette intention (2). Dès 321 il ordonna que les médecins, les professeurs de belles-lettres et généralement tous ceux qui enseignaient la jeunesse seraient exempts, eux et leurs biens de tout impôt ou autre charge publique ; qu'on serait exact à leur payer leur salaire ; qu'ils ne pourraient pas être traduits en justice ; que ceux qui leur feraient quelque tort payeraient une amende très considérable ; qu'ils pourraient enfin, si c'était leur goût, être élevés aux honneurs de la République.

Par un autre édit du 27 septembre 333, il étendit ces privilèges et immunités jusqu'aux femmes et enfants des médecins et de tous les professeurs des belles-lettres. *Quo facilius liberalibus studiis memoratis artibus multos instituant.*

Julien l'apostat, neveu de Constantin, ayant enlevé la liberté aux écoles chrétiennes, Valentinien s'empressa de la leur rendre. Il promulgua une loi, en 370 pour défendre aux étudiants d'assister trop souvent aux spectacles et de se trouver fréquemment aux festins, leur ordonnant en outre de vivre dans la règle et la modestie qui convient à ceux qui font profession des

(1) St Jérôme, ép. 95, p. 771.
(2) Codex Theodosianus, 13, t. 3, l. 1, 3, p. 23, 27.

arts libéraux, sous peine d'être fouettés publiquement et renvoyés dans leurs pays.

Le goût des belles-lettres avait donc été le résultat le plus avantageux que le commerce des Romains avait procuré aux Gaulois. Les gros appointements donnés aux professeurs dans les principales villes avaient attiré les maîtres les plus habiles.

De cet état des lettres dans les Gaules, l'Eglise ne pouvait que tirer de grands avantages : car si la religion a quelquefois servi à établir la connaissance et l'amour des lettres, celles-ci à leur tour ont contribué à étendre et affermir la religion. C'est un secours mutuel qu'elles se sont prêté en tout temps dans nos Gaules. Les lettres y étant donc en ce siècle plus florissantes que jamais, l'Eglise y fut aussi dans sa plus grande splendeur, et le flambeau de l'Evangile acheva de dissiper les ténèbres du paganisme après avoir victorieusement combattu les hérésies des Donatistes, des Ariens, des Priscillianistes et des Ithaciens.

Mais bientôt les incursions des Barbares dans les provinces de l'Empire les réduisirent à la servitude et amenèrent des mœurs étrangères. L'oisiveté, la paresse, l'amour des plaisirs, les amusements puérils prirent la place des occupations sérieuses de l'étude, et à la chûte de l'Empire Romain, les belles-lettres furent ensevelies sous ses décombres ; les traditions scientifiques marchèrent graduellement et progressivement vers une nouvelle décadence ; les écoles disparurent insensiblement et la langue latine que l'on parlait élégamment sur les rives de la Durance, perdit de sa pureté en s'adultérant par son mélange avec les idiomes du Midi. Ainsi on écrivit *rectur* pour *rector*, *cenubium* pour *cenobium*, et *singoli* pour *singuli*; l'on disait *genetrix* pour *genitrix*, *sene* pour *sine*, *monastirium* pour *monasterium*, *itim* pour *item*... etc. D'autrefois on mettait un nominatif singulier pour un accusatif pluriel et vice-versà. Ce dépérissement des lettres dans les Gaules ne s'entend que du gros de la nation et d'une partie du clergé qui, s'étant beaucoup relâché dans l'observance de la discipline ecclésiastique, se relâcha aussi dans la culture des lettres, à ce point que St Grégoire de Tours ne pouvait retenir ce cri : « *Væ diebus nostris, quia periit studium litterarum a nobis !* » (1)

Les premiers rois Francs, passionnés pour l'exercice des armes, occupés sans cesse de guerres et de conquêtes, négligèrent les sciences et les arts qu'ils méprisaient. Ils n'aimaient pas l'habitation des villes ; les impôts, la subordination civile, le pouvoir strict et régulier des magistrats étaient odieux à leur peuple ; aussi ne songèrent-ils jamais à ouvrir des écoles et à entretenir les centres d'enseignement dans leur royaume. Tout alla en décadence, même les mœurs dont le dérèglement amena des abus tels que l'on fut obligé de convoquer un grand nombre de conciles au VIᵉ siècle.

Cependant les lettres et surtout la jurisprudence trouvèrent quelque soutien en ce que fit Alaric, roi des Visigoths, en faveur de ses sujets tant d'Espagne que des Gaules.

En 484, à la mort de son père Euric, Alaric II, encore fort jeune, fut reconnu roi à Toulouse, dont il fit la capitale de ses Etats qui comprenaient presque toute l'Espagne et une grande partie des Gaules : c'est-à-dire la Septimanie ou Languedoc, la Novempopulanie, la Provence et l'Aquitaine jusqu'à Tours inclusivement. Quoique engagé dans l'Arianisme, il n'inquiéta pas les Gaulois, ses sujets, qui étaient catholiques. Il rendit même aux églises le choix des Evêques, qu'Euric leur avait enlevé. A la faveur de son gouvernement doux et modéré, le culte catholique, auparavant tyrannisé, se rétablit, et l'on vit régner la paix et la justice dans ses Etats. Dans le but de policer de plus en plus ses sujets, et pour mieux se les attacher, Alaric fit faire en 506 en leur faveur, un recueil des lois romaines en usage dans ces pays. A cet effet, il assembla ce qu'il y avait de plus sage dans le clergé et la noblesse, et les plus habiles jurisconsultes. On discuta et on convint de ce qui devait entrer dans la collection. On compila le Code Théodosien, divers écrits des plus célèbres juristes, les Codes Grégorien et

(1) *Historia Francorum* par Sᵗ Grégoire de Tours.

Hermoginien, les Novelles et les décisions de Paul et de Gaïus. A chacun de ces textes choisis on ajouta des gloses ou explications, afin de les rendre plus intelligibles. Ce recueil rédigé et signé par Anian, l'un de ses principaux conseillers d'Etat, Alaric assembla les évêques et les députés de chaque province et le soumit à leur examen. Après quoi il le revêtit de son autorité, la 22ᵉ année de son règne, et en fit faire des extraits collationnés à l'original, pour être envoyés à tous les gouvernements des villes et des provinces. Cette collection, intitulée *Breviarium Alaricianum*, fut longtemps en usage dans le midi de la France, ce qui explique pourquoi la Provence est toujours restée *pays de droit écrit*. Ce fut apparemment ce recueil d'Alaric qui inspira à l'empereur Justinien l'idée d'une pareille entreprise vers l'an 530.

Le jeune roi des Visigoths ne jouit pas longtemps des fruits de son excellente réforme, car il fut battu et tué l'année suivante à la bataille de Vouillé gagnée par Clovis. Son fils Amalaric conserva tout le sud de la France et y fit observer l'ordonnance de son père. Mais ayant été tué à son tour par le roi Childebert, fils de Clovis, et étant mort sans héritier, les Ostrogoths d'Italie, successeurs de Théodoric (aïeul maternel d'Amalaric) demeurèrent en possession des villes dont ils avaient pris le bail et la garde, puis ils les rétrocédèrent à Childebert et dès lors se fit la distinction des pays de *droit coutumier* et de *droit écrit*. Le droit écrit prit alors de fortes racines, et le droit compilé par l'ordonnance de Justinien fut l'objet chez nous de fortes études.

Malgré cette impulsion passagère d'Alaric, la Gaule continua à marcher vers la barbarie ; dans ce déclin la masse de la nation s'enfonça de plus en plus dans les ténèbres de l'ignorance et la fin du règne de Dagobert Iᵉʳ, en 638, fut l'époque de l'extinction totale des lumières.

C'est dans cet état d'obscurantisme que s'écoulèrent le VIIᵉ siècle et la première moitié du VIIIᵉ. Tout ce qui resta de savoir et d'érudition se réfugia dans les églises et les monastères, pour se mettre à couvert de la tourmente ; encore les services que les moines rendirent aux lettres se bornèrent à la transcription pure et simple de quelques ouvrages qui auraient

2

infailliblement disparu sans leur travail. Sous ce rapport, il
faut leur savoir gré de leur patience monastique. A ce moment donc, le clergé chrétien, au nom de la nécessité, ramassa
à son profit l'enseignement que le paganisme laissait tomber
de ses mains séniles et défaillantes. Le moment était propice ;
le terrain balayé par l'invasion des hordes barbares, dépeuplé
par la misère, attendait le premier occupant. Les écoles publiques furent relevées et placées non plus dans les palais bâtis
pour elles par les potentats, mais à l'ombre des couvents et des
cathédrales (d'où le nom de *parvis. Ab edocendis parvis*).
Ces églises collégiales furent naturellement destinées à l'enseignement de la Théologie et des Humanités ; elles ne
s'adressaient qu'au petit nombre de jeunes gens qu'une voca-
tion spéciale appelait à l'état religieux. Le chef de ces écoles
reçut une appellation différente suivant les pays. A Rome
c'était le *Primicier* ou *chefcier*. Le mot *primicerius* y était
usité dans les premiers temps du christianisme. Pierre, évêque
d'Orvieto, appelle ainsi le prélat chargé de l'école de Rome,
et il ajoute que cette dignité était entourée d'une grande considération, parce qu'il était comme le chef de tout le clergé,
caput totius cleri et quasi rector. Le droit canon a adopté
ce mot dans le même sens. Quant au sens littéral, il ne signifie
que le premier en office ou dignité.

En Gascogne on l'appelait *capiscol*.

Dans quelques églises de France, on le désignait sous le
nom de *chancelier*, titre que l'on conserva plus tard dans les
villes où il y eut une Université.

Dans les écoles épiscopales le chef s'appelait *Ecolâtre, Scho-
lasticus*, mot qui au temps de Septime Sévère signifiait homme disert et bon orateur. Cette charge d'Ecolâtre menait souvent à l'épiscopat, car le titulaire avait de grandes prérogatives. « En beaucoup d'églises, dit Guy Coquille, il y a un
scholastique, qui en aucunes s'appelle *maître des escholes*, ou
escolastre; et si l'église cathédrale est en ville où il y ait université, il s'appelle *chancelier* : c'est lui qui a la direction de
tout le diocèse, à ce qu'il ne s'y enseigne d'autre doctrine que
la catholique (1) ». Les professeurs étaient ou des maîtres sé-

(1) Guy Coquille. Traité des bénéfices de l'Eglise, T. 1, p. 290.

culiers ou des moines que l'évêque, sur la présentation du chapitre, préposait à l'enseignement de la théologie, de la philosophie et des humanités. Au début on donnait ces places à des
gens d'un mérite reconnu et qu'on recherchait par honneur.
Mais insensiblement on se relâcha de cette règle prudente et
sage; la corruption s'en mêla, et l'on vit les aspirants con-
traints de faire des présents « *par forme de proficiat et gra-
tification* » à tous les chanoines qui avaient voix au chapitre
pour la nomination. Cette corruption revêtue du masque d'une
louable coutume amena des abus tels que le troisième concile
de Latran, tenu sous Alexandre III en 1479, condamna rigoureusement cette pratique.

Les écoles épiscopales fournirent quelques bons élèves.
St Césaire fit prospérer l'école cathédrale d'Arles, malgré les
imperfections inhérentes à la fondation récente. Dans cette
école, les laïcs comme les clercs chantaient les psaumes et les
antiennes en grec et en latin. Il n'y a rien d'étonnant à cela,
puisque le grec, autrefois si vulgaire en ce pays, continuait en
ce VIe siècle d'être en usage parmi le peuple. Cette église col-
légiale fut une des plus célèbres de l'époque, à en juger par
la manière dont St Césaire y enseignait et par le grand nombre
de savants disciples qu'il y forma.

Basile, évêque d'Aix, contemporain de St Hilaire, s'acquit
dans notre ville une si grande réputation que Sidoine Apolli-
naire l'appelait deux fois son maître, *bis dominus.*

Il n'y eut point d'église cathédrale sans école; mais ce que
l'on en sait aujourd'hui se réduit à bien peu de chose.

Tous ceux, qui ont étudié l'histoire, savent cependant que
les cloîtres et les monastères furent un des principaux moyens
de conservation de la religion et des sciences dans les temps
où l'ignorance, le vice et la barbarie infestaient le reste du
monde. On y élevait la jeunesse non-seulement dans la connaissance des lettres, du chant et de la musique, mais encore
de ce que l'on comprenait sous le nom d'arts libéraux et d'humanités. D'abord on ne reçut que les jeunes élèves; plus tard
on admit la jeunesse séculière; puis le nombre de celle-ci aug-
mentant on fit deux écoles : une pour ceux qui se destinaient
à l'état religieux et une autre pour les externes. Ainsi se con-

servèrent les lettres, à la faveur de la religion, dans le temps
de leur plus grand dépérissement.

La plus célèbre de toutes les écoles épiscopales au VII° siècle fut celle de Gap sous la direction de S¹ Arige, qui en était
évêque. L'éclat de cette école franchit les Alpes, et les élèves y
venaient de l'Italie comme des Gaules. Un écolâtre leur apprenait les humanités, et lorsqu'ils étaient plus avancés, ils parta-
geaient leur temps entre la psalmodie, la méditation de la loi
de Dieu et les études les plus sérieuses. Le saint évêque se ré-
servait le soin de former lui-même le cœur de ses élèves.

Ces écoles étaient isolées et ne recevaient aucun appui du
gouvernement ; quant à la masse de la nation elle croupissait
dans l'ignorance.

Pendant les sept premiers siècles de l'ère chrétienne, l'Eglise
n'avait reconnu comme lois que les Evangiles, les Actes des
Apôtres, les canons des quatre conciles œcuméniques, et le
Droit canonique avait pris une importance toujours croissante,
en se répandant à la faveur de la puissance des Papes et des
immunités ecclésiastiques si largement accordées par les rois
Francs (1).

Au commencement du VIII° siècle, les ténèbres s'épaissirent
encore plus ; le désordre s'établit avec l'ignorance dans l'Eglise et dans les cloîtres. Cette confusion amena un relâchement
inévitable dans la discipline ecclésiastique ; alors les écoles ne
donnèrent plus qu'une instruction grossière, mal digérée,
sans choix, composée d'un amas confus d'extraits et de passa-
ges mal employés des anciens auteurs. Quelques conciles firent
bien, pour rétablir les bonnes études, quelques tentatives ;
mais elles restèrent infructueuses parce que les principaux mo-
tifs de leurs assemblées étaient des consécrations d'églises, des
donations, etc. D'ailleurs il était rare que ceux qui avaient les
qualités requises pour s'en occuper, eussent le talent et les
connaissances nécessaires (2).

(1) Marculfi. *Formul. apud script. rer. Gallio et Francic.*
(2) Mémoire de Saint-Vincens sur une inscription tumulaire.

La faiblesse du gouvernement des derniers rois fainéants, la tyrannie des maires du palais, les ravages des Normands dans le Nord de la France, les guerres civiles entre les petits souverains occasionnèrent un bouleversement universel. La face de l'Eglise changea entièrement; à la place de savants évêques, il y avait dans les sièges épiscopaux des clercs tonsurés tout-à-fait illétrés. « Maintenant, disait S¹ Boniface de Mayence, les sièges épiscopaux sont abandonnés ou à des laïcs avares, ou à des clercs débauchés, ou à des fermiers publics pour en détourner les revenus à des usages profanes. » Tous les historiens conviennent que ce siècle, jusqu'au règne de Charlemagne, fut le plus ténébreux, le plus barbare, le plus ignorant qu'on ait jamais vu en France. En 768, on ne voyait plus, suivant un auteur du temps, aucun vestige des sciences et des beaux-arts. Les ecclésiastiques et les moines étaient les seuls sachant lire et écrire, ignorants dans tout le reste.

La révolution, qui avait placé Pépin-le-Bref sur le trône, n'avait exercé aucune influence salutaire pour les études dans notre pays.

Voilà quel était l'état des lettres et des sciences dans nos provinces ainsi que dans les pays soumis aux rois de France, lorsque Charlemagne prit en main les rênes de la monarchie.

Dès son avènement, ce prince déclara une guerre ouverte à la superstition et à tout ce qui pouvait corrompre la vérité et entretenir l'ignorance. Il rétablit la discipline dans le clergé et s'efforça de ramener le goût des lettres parmi ses sujets. Nicole Gilles, en ses *Annales de France*, dit : « En ce tems-là « vinrent d'Irlande en France, deux moines qui étaient « d'Ecosse, moult grands clercs et de sainte vie, lesquels par « les cités et pays preschaient et criaient qu'ils avaient science « à vendre, et qui en voudrait acheter vint à eux. Ce qui vint « à la connaissance de l'empereur Charlemagne qui les fit « venir devers lui, et leur demanda s'il était vrai qu'ils eussent « science à vendre; lesquels répondirent que vraiment ils « l'avaient par don de grâces de Dieu et qu'ils étaient venus « en France pour la prescher et enseigner à qui la voudrait « apprendre. L'empereur leur demanda quel loyer ils vou-

« draient avoir pour la montrer : ils répondirent qu'ils ne
« voulaient que des lieux convenables et la subsistance de
« leur corps et qu'on leur administrât gens et enfants ingé-
« nieux pour la recevoir. » Charlemagne les accepta et les
installa selon leurs désirs. Il fit ensuite venir de Rome des
professeurs que lui donna gracieusement le pape Adrien qu'il
venait de secourir contre les Lombards. Ce pontife lui fit
aussi présent du recueil des canons de Denys le Petit, recueil
devenu le fondement de l'Eglise gallicane.

Pierre de Pise et l'anglais Alcuin furent les chefs de l'*Ecole
palatine* établie avec éclat en 782 dans le palais royal d'Aix-
la-Chapelle. L'empereur institua aussi des écoles publiques sur
divers points de ses Etats. On y enseigna les arts libéraux,
grammaire, dialectique, rhétorique, arithmétique, géométrie,
astronomie et musique, qui brillaient comme les sept chandeliers de l'Apocalypse. Les sciences physiques et naturelles
furent négligées. D'après certains historiens, la médecine,
que Charlemagne méprisait, ne fit pas partie de l'enseignement ; elle fut abandonnée aux Juifs qui allaient s'instruire
dans les universités arabes et acquérir des connaissances vraiment supérieures. Mais, suivant Alcuin, il y avait dans le palais de Charlemagne un édifice consacré à la médecine appelé
Hippocratica tecta. Dans un de ses capitulaires daté de Thion-
ville, en 805, il ordonne d'y envoyer les jeunes gens étudier
la médecine. Duboullay en conclut que la médecine s'enseignait dans le palais, Crévier n'adopte pas cette conclusion (1).
Selon lui, la médecine ne commence à être cultivée à Paris
que vers la fin du XIIᵉ siècle. Salerne et Montpellier étaient
les seules écoles médicales, et l'on y allait de Paris pour s'instruire dans la science hippocratique.

De retour d'un second voyage à Rome, Charlemagne réso-
lut de rétablir les écoles de chant et de grammaire dans les
églises cathédrales et conventuelles de France. Il fit dresser
des règlements ou *capitulaires* tirés des constitutions canoni-
ques et des conciles pour le régime de l'Eglise en général,

(1) Hist. de l'Université de Paris, T. I. p. 29.

comme l'avaient fait autrefois les empereurs Constantin, Valentinien, Gratien, Théodose, ainsi que Justinien pour son Code et ses Novelles. Il envoya dans les provinces des commissaires pour les faire observer dans les églises collégiales et les abbayes « *ut scholae legentium puerorum fiant, psalmos, notos, cantus compotum; grammaticam, per singula monasteria vel episcopia discant.* » Les archevêques, en répandant ces instructions impériales, qui traçaient la marche à suivre pour l'enseignement public, exhortèrent les prêtres à ouvrir des écoles de province « *ut scholas presbyteri pro posse habeant libros emendatos.* »

Pour la science juridique, Charlemagne propagea avec ardeur les lois romaines dans tout son empire. En 768 il fit faire une nouvelle publication de la loi Salique, comme sous le nom de *lex emendata.* Vingt ans plus tard le Code Alarik reçut lui aussi une plus grande publicité. Les capitulaires devinrent une loi générale appropriée à l'unité de l'empire; ils apportèrent des modifications aux lois salique et ripuaire. On leur donna le caractère de lois protectrices de l'Eglise et du clergé, en garantissant l'inviolabilité de la chose jugée.

Charlemagne n'est assurément pas le fondateur des Universités du Moyen-Age, comme la vanité universitaire l'a si souvent répété; mais il a donné à la France, d'accord avec le pape Adrien, la haute impulsion qui a déterminé la formation des écoles de théologie et des écoles d'humanités d'où sont sorties les Universités des XIIe et XIIIe siècles. En un mot il est le premier et le plus glorieux restaurateur des lettres en France. Il était l'ennemi de l'ignorance et de la barbarie, et à mesure qu'il étendait les limites de son empire, il n'oubliait rien pour y répandre la connaissance des lettres et en favoriser la culture. Cette renaissance des lettres ne corrigea certainement pas tous les vices grossiers introduits dans les mœurs par la barbarie, mais les sciences furent cultivées avec ardeur et succès dans toute l'étendue du vaste empire de Charlemagne.

La Provence profita bien peu des généreux efforts du monarque. Le seul bénéfice qu'elle en retira fut celui des cons-

tructions maritimes que l'on reprit dans tous les ports médi-
térranéens pour avoir des flottes à opposer au Normands et
aux Sarrazins. Ces derniers avaient ravagé cette province ; en
732 ils avaient ruiné ses principales villes, Marseille, Aix,
Arles ; les monastères de Lerins et de Saint-Victor avaient été
réduits en cendre. Charlemagne ordonna bien la réunion d'un
concile à Arles en 812, mais on ne s'y occupa que des choses
les plus essentielles à la foi et à la discipline ecclésiastique et
nullement des études : on ne pensait plus alors qu'à se garan-
tir des incursions des barbares et des étrangers.

Les princes, qui règnèrent en Provence jusqu'aux comtes de
la maison de Barcelone, ne surent pas accorder de protection
aux sciences qu'ils ignoraient eux-mêmes.

Le concile de Paris, tenu le 6 juin 829, agit puissamment
sur Louis le Débonnaire et le poussa à fonder trois écoles publiques dans trois grands centres. Mais cette louable émulation
de la fin du VIIIe siècle fut de peu de durée. Elle s'était bornée
à tirer les sciences de la poussière où elles étaient ensevelies,
sans leur rendre leur perfection. Peut-être le génie du siècle
était-il encore trop barbare pour que les esprits fussent à
même de bénéficier de ces heureuses dispositions. A la mort de
Charlemagne les Français avaient négligé insensiblement de si
nobles exercices et le dépérissement des belles-lettres alla en
s'accentuant jusqu'à la fin du IXe siècle ; de sorte que la France
se vit replongée dans l'ignorance dont elle n'était pas entièrement sortie, car une multitude de malheurs dont elle fut
accablée, y contribuèrent puissamment.

Sous Charles le Chauve, l'enseignement subit un temps
d'arrêt. La guerre de succession, suscitée par son frère Lothaire, l'ayant forcé par le traité de Verdun de démembrer
l'empire de Charlemagne, empêcha ce roi de s'occuper de
l'instruction publique. Les guerres intestines soulevées par
plusieurs gouverneurs de province, qui voulurent se rendre
indépendants en s'arrogeant le droit de transmettre leurs fiefs
par hérédité (ce fut là l'origine de la féodalité) portèrent une
grave atteinte à l'enseignement public en France.

Cependant le clergé, par son influence, continua à dévelop-

per le goût des études. Les prélats français, assemblés au troisième concile de Valence, le 8 janvier 855, eurent à cœur de
faire fleurir leurs écoles. Persuadés que les sciences seules
peuvent maintenir le bon ordre dans les républiques, ils deman-
dèrent l'établissement d'écoles pour les saintes écritures et les
lettres humaines.

Les années, qui s'écoulèrent entre la chûte de l'Empire
d'Occident jusqu'à Boson, roi d'Arles, ne présentent que désordre et confusion. Les Provençaux, déjà corrompus vers la fin
de la domination romaine, tombèrent dans le plus grand avilissement sous les différents peuples barbares qui les subju-
guèrent. Les causes en furent : 1° les ravages de la Provence
qui occasionnèrent une misère extrême ; 2° l'anarchie, — il
n'y avait plus ni gouvernement, ni règle, ni frein ; 3° le séjour
que firent dans le pays tous ces barbares envahisseurs. On aurait dit qu'ils avaient infecté les habitants de leur propre génie.
Dans cet état d'avilissement, les sciences et les arts ne pouvaient pas être cultivées avec succès. L'ignorance avait étouffé
sur place les germes des talents et de la vertu. La langue même s'était altérée par les communications qu'on avait eues avec
les barbares.

**La Provence sous les Princes de race germani-
que.** — C'est à cette époque que Boson profita de la faiblesse
des successeurs de Charlemagne et de l'anarchie qui suivit la
mort de Louis le Bègue, pour se faire reconnaître roi de Provence par l'assemblée de Mantaille, le 15 octobre 879 (1) et
détacher cette province du domaine de la couronne. Ce royaume renfermait la Provence, une partie du Languedoc, le Dauphiné, la Savoie, la Franche-Comté, etc. ; il s'étendait depuis
le voisinage de Narbonne jusqu'au delà du lac de Genève.

Dans l'histoire obscure et difficile de ces temps de la Provence, on ne peut constater que ce fait : qu'elle fut un fief de
la royauté d'Arles et aussi une vassalité de l'empire germain.

(1) Bénédictins Art de vérifier les dates, p. 577.

Aucune période de notre histoire provençale n'égale en confusion et en aridité celle qui est relative aux premiers comtes de Provence. Cette période a été abrégée sans scrupule, et les historiens l'ont dédaignée avec plus de paresse que de réflexion. Les recherches patientes des Bénédictins à travers l'obscurité des âges sont parvenues à débrouiller la chronologie des rois d'Arles, comtes souverains de Provence.

Boson Ier commença donc la dynastie des comtes de race germanique. L'histoire ne dit rien ou presque rien de ses successeurs. C'est à peine si elle a pu conserver leurs noms. Cette dynastie a régné 180 ans environ et a fini avec Geberge (1), dont la fille Douce épousa Raymond - Bérenger, comte d'Aragon et de Barcelone, et donna naissance, en 1112, à la dynastie des comtes provençaux de race catalane. Avec ces nouveaux princes la suprématie des empereurs germains, rois d'Arles, s'éteignit peu à peu sur la Provence.

Mais reprenons le fil de nos idées. C'est en 887, sous Charles le Gros, qu'apparaît pour la première fois le nom d'Université servant à désigner la réunion de toutes les écoles de Paris « *Eodem anno, Karolus, Francorum rex, viam universitatis adiit.* » Vingt ans après, deux moines, sortis des écoles de Reims, allèrent à Paris enseigner la philosophie, la théologie et les arts libéraux. Cet enseignement fut la base de l'Université de la capitale. Mais les ravages des Normands, les guerres civiles de la féodalité, la corruption des mœurs furent nuisibles aux écoles, les empêchèrent de prospérer pendant tout le Xe siècle, et complétèrent presque le dépérissement des lettres. Que de livres enlevés et condamnés aux flammes! Que de bibliothèques consumées dans l'incendie des églises et des monastères ! Autant les ravages des nations étrangères furent funestes aux lettres, autant les guerres intestines et la faiblesse du gouvernement leur portèrent de

(1) Boson 879-887, — Louis 890-923, — Hugues 947, avec lui finit le royaume de Provence.

Guillaume II 1008, — Geoffroy Ier et Guillaume-Bertrand Ier 1048, Geoffroy Ier seul 1054, — Bertrand II 1063, — Etiennette 1093, — Geberge et Gilbert 1095, — Geberge seule 1109.

préjudice. Dans ce bouleversement général, l'état de l'Eglise
fut déplorable. Au rapport de l'archevêque Burchardt, les monastères se trouvaient entre les mains d'abbés laïcs ; on les
leur avait donnés en fiefs ou en bénéfice. Les évêchés eurent
à leur tête des gens incapables mais luxueux. A ce propos on
fit cette boutade :

> Au temps passé du siècle d'or,
> Crosse de bois, évêque d'or ;
> Maintenant changent les lois,
> Crosse d'or, évêque de bois.

allusion à la crosse émaillée qui vers cette époque remplaça le
simple bâton de cyprès.

Les religieux n'ayant plus de chefs légitimes tombèrent
dans le dérèglement des mœurs. Les études s'en ressentirent.
Le peuple s'adonna aux superstitions, aux enchantements, aux
augures, aux divinations. Non seulement l'ignorance du X° siècle enfanta ces erreurs grossières, mais elle donna naissance
aux romans. Chez les Perses, les Ioniens et les Grecs, les fa-
bles, qui sont des fictions comme les romans, furent le fruit de
la politesse et de l'érudition. Chez nous ce fut le contraire ;
ils furent le produit de l'ignorance et de la grossièreté. Bientôt l'art de romaniser devint à la mode, facilité par la barbarie
qui régnait alors et l'on vit éclore grand nombre de romans de
chevalerie et d'amour. Les Provençaux furent ceux qui saisi-
rent cet art avec le plus d'avidité. Il n'y eut presque point de
maison de noblesse dans cette province qui ne voulut avoir
son roman propre. Les *troubadours*, les *comics*, et les *con-
teurs* de ce pays composaient les ouvrages ; les *contadours*,
les *jongleurs*, les *violars*, les *musars* les chantaient. Il y avait
aussi d'autres romanciers de ce genre qui avaient commencé
à paraître sous Louis le Débonnaire et qu'on pourrait regarder comme les arrières-descendants de nos bardes gaulois.
Ils romanisèrent du temps de Hugues Capet et coururent la
France, débitant leurs romans et fabliaux composés en prose
et en vers dans la langue romancière. C'est là l'origine la
mieux marquée des fameux poètes provençaux. Le grand usage

qu'ils firent de la langue provençale fut cause qu'elle se conserva avec moins d'adultération dans notre pays que dans les autres provinces de la France.

Vers la fin du X⁰ siècle, il arriva une chose analogue à ce qu'on avait vu sous le règne de Charlemagne. On réussit à ressusciter quelques-unes des plus hautes sciences. Ainsi l'empereur Lothaire, vers 980, établit des écoles publiques de droit pour y former de savants jurisconsultes et en faire ensuite de bons juges.

Hugues Capet, en usurpant le trône, négligea beaucoup les écoles et ne sut empêcher le clergé de mettre la main sur les études. Ses principales réformes, et celles de Robert, son fils, consistèrent à rétablir la discipline dans les monastères, ce qui amena la reprise des écoles conventuelles.

On ne changea rien à l'ordre des études en usage dans les siècles précédents. On enseignait d'abord la grammaire, puis tous les autres arts libéraux, sans oublier la langue des Grecs et des Latins. Mais les laïcs lettrés furent bien rares, cependant quelques-uns étaient arrivés à une grande instruction. On raconte qu'un jours, vers 950, Foulques-le-Bon, comte d'Anjou, chantait au lutrin avec les chanoines de Saint-Martin-de-Tours; le roi Louis d'Outremer se permit de le tourner en dérision. Foulques, apprenant le mépris que le roi faisait de son savoir, lui écrivit : « *Sçachés, Sire, qu'un Roi non lètré est un âne couronné.* »

Les moines, qui professèrent dans le cloître de Notre-Dame-de-Paris, ne le firent qu'avec l'autorisation de l'Evêque; car on avait cru nécessaire l'assentiment de l'autorité ecclésiastique pour se préserver des erreurs religieuses qui avaient eu cours durant ce siècle. Ce fut là l'origine du droit que s'arrogea le clergé sur les études, droit que les Universités ont toujours impatiemment supporté et qu'elles se sont efforcées de restreindre dans la suite, et finalement d'annihiler.

Le dixième siècle n'avait pas été suffisant pour réparer les pertes des livres qu'avait subies la France pendant les invasions, les incendies, les pillages des hordes barbares qui étaient venues la dévaster; aussi les études étaient-elles difficiles. D'ailleurs les moines seuls, s'occupant à les transcrire, commençaient par ceux qu'ils jugeaient les plus nécessaires, tels que la Bible, les livres liturgiques, les écrits des Pères de l'Eglise, le recueil des canons. Et bien des années se passèrent avant que les historiens, les poètes, les orateurs fussent rendus à la libre pratique. Ce défaut d'ouvrages favorisa beaucoup le règne de la barbarie. Aussi les livres avaient-ils un prix extraordinaire. Le *Recueil des Homélies d'Haimon d'Halberstat* fut acheté par Grécie, comtesse d'Anjou, moyennant 200 brebis, un muid de froment, un de seigle, un troisième de millet et un certain nombre de peaux de martre. Il fallait donc être riche pour avoir des livres.

Sous le règne de Robert, ami des lettres et des chants d'Eglise, les guerres intestines arrêtèrent le développement de l'instruction. Son fils, Henri Ier, en lui succédant, ne fit aucun usage de son autorité en faveur des sciences. Elles trouvèrent encore moins de ressources auprès du roi Philippe Ier, prince voluptueux et uniquement occupé de ses plaisirs. La première croisade que ce prince, secondé par Pierre l'Ermite, entreprit contre les infidèles, fut encore un évènement fatal pour les bonnes études.

La corruption, les vices, les désordres se donnèrent libre cours en France, et ce débordement d'erreurs fit croire à l'accomplissement de la prophétie de Saint Jean l'Evangéliste, indiquée au chapitre xx de son Apocalypse, où on lit que Satan sera lâché après mille ans. Tous ces malheurs jetèrent l'église gallicane dans une désolation telle que Fulbert, évêque de Chartres, s'écria : *O derelicta, o mœsta, o desolata galliarum ecclesia? Quæ jam erit spes salutis ulterior?* Evidemment de tels désordres ne pouvaient être que funestes à la république des lettres. Engendrés par l'ignorance, ces désordres devaient forcément fortifier et répandre l'ignorance. Les belles-lettres ne furent préservées d'une ruine complète que grâce aux écoles épiscopales et monastiques, qui persévérèrent dans l'enseignement et qui furent plus ou moins célèbres suivant l'habileté et la réputation de leurs maîtres.

La Provence, qui, depuis la première décadence des lettres, était demeurée dans une entière inaction, reprit en ce siècle du goût pour la littérature. Non-seulement on y cultiva la poésie qu'on nomma *provençale*, mais encore on s'adonna à l'étude des sciences supérieures. L'abbaye de Saint-Victor de Marseille en est un des meilleurs témoins. Elle forma plusieurs savants qui s'illustrèrent par leur doctrine et la sainteté de leur vie. Leurs noms nous sont parvenus par les manuscrits ou les histoires particulières. Wilfroi, qui avait relevé les ruines de ce monastère, le dirigea en qualité d'abbé jusqu'en 1021 ; il y rétablit la discipline régulière et conséquemment les bonnes études. Son successeur Isarn, mort en 1048, fut réputé pour un des meilleurs musiciens de son temps. Les principaux qui sortirent ensuite de ce couvent, furent Ponce, Rayambald et Aycard, tous trois, l'un après l'autre, archevêques d'Arles ; Pierre, archevêque d'Aix, Raimond II, évêque de Marseille, S¹ Lambert, évêque de Vence, l'abbé Aldebert..... les deux frères Bernard et Richard, d'abord élèves l'un et l'autre, puis abbés de Saint-Victor, se firent un réputation encore plus brillante que les précédents. Ils se virent honorés de la pourpre romaine et élevés à la dignité de légat du Saint-Siège en divers royaumes, et Richard en particulier à celle d'archevêque de Narbonne. Sous leur habile direction, cette abbaye fut très florissante et dans l'espace de trente à quarante ans, elle réforma environ vingt monastères tant en France qu'en Espagne et en Sardaigne. N'oublions pas de citer l'abbé de Saint-Victor Flamenchi, qui joua un grand rôle sous la reine Jeanne, et dont le savant historien de Montpellier, M. Germain, a retracé la biographie (1).

A Lérins, où les sciences étaient autrefois cultivées avec autant de succès que d'éclat, mais où elles avaient dépéri comme dans le reste de la Provence, il y avait sur la fin de ce siècle une école dont l'histoire nous a conservé quelques documents. S¹ Lambert, évêque de Vence, y fit ses humanités. On s'y adonnait à la poésie latine, mais plus particulièrement à l'étude de l'écriture sainte.

(1) *Pierre Flamenchi*. Etude historique et littéraire d'après ses manuscrits autographes entièrement inédits par A. Germain de l'Institut, professeur d'histoire à la faculté des lettres. Montpellier, 1884.

Arnoul, moine du couvent Saint-André d'Avignon, avait étudié, au commencement du siècle, à l'école de son monastère où l'on enseignait avec fruit les plus hautes sciences. Il composa des mémoires sur la connaissance du temps, sur divers sujets d'astronomie, sur l'histoire générale, celle des saints et autres matières qui supposent une vaste érudition.

Domnus, moine de l'abbaye de Montmajour, près d'Arles, y porta les connaissances qu'il avait puisées à l'école de Chartres, où il avait étudié sous le docte Fulbert (1) pendant neuf ans. De son temps, Umbert, son confrère, y remplissait les fonctions d'Ecolâtre. Mais quoiqu'il connut à fond tous les arts libéraux, il se bornait à l'enseignement de la grammaire.

Dans la cathédrale d'Aix, il y avait une école où l'on enseignait la théologie, la grammaire et la musique, comme cela résulte de quelques actes du XIe siècle et d'une inscription tumulaire déchiffrée par M. de Saint-Vincens (2), et qui nous apprend qu'un chanoine de cette église avait la préceptoriale, c'est-à-dire qu'il était chargé de l'enseignement en général et de celui de la musique en particulier (origine de la maîtrise de Saint-Sauveur d'où est sorti Félicien-David). On appelait ce chanoine du nom de *grammaticus*, grammairien ; c'était un savant, un philologue, un littérateur, dit le docteur Pitton (3). Par ce terme de grammairien on n'entendait pas simplement à cette époque un homme qui donne des préceptes pour parler et écrire correctement une langue. On y attachait une idée plus relevée et on l'employait pour signifier un professeur de belles-lettres. C'est pourquoi l'on donnait quelquefois à ces grammairiens les noms de *philologues* ou gens d'érudition.

Un acte de 1072 donne le nom de Pons grammairien, *Pontius grammaticus* (4). Les fonctions de ce chanoine étant

(1) Hist. de la vie de St Fulbert. Manuscrit de la bibliothèque Méjanes.

(2) Saint-Vincens. Mém. sur un marbre qui sert de banquette dans le cloître de Saint-Sauveur.

(3) Pitton. Annales de la Sainte Église d'Aix, p. 107.

(4) De Haitze. Hist. d'Aix, manuscrit publié par la *Revue Sextienne.* — Pitton. Hist. d'Aix.

trop compliquées pour une seule tête, on les partagea plus
tard entre trois chanoines prébendés : le théologal, *theologus*,
l'écolâtre, *scholarius*, et le capiscol, *caput chori* ou *scholæ*,
(*schola* signifiait alors le chœur) ; cet ordre nouveau subsista
jusqu'à la Révolution de 89. Le capiscol avait le pas sur les
deux autres ; le théologal et l'écolâtre n'avaient que le rang et
le revenu de simples chanoines. L'écolâtre avait originaire-
ment l'inspection de toutes les petites écoles. Les syndics d'Aix
assistaient et concouraient à sa nomination, comme le consta-
tent certains actes épars du chapitre d'Aix au XI° siècle.

Les écoles publiques enseignèrent toutes les sciences en les
divisant en deux sections dites *trivium* et *quadrivium*. La première comprenait : la grammaire, la dialectique et la rhétorique. Dans la seconde on enseignait l'arithmétique, l'astronomie, la géométrie et la musique. Bientôt après on créa des
chaires pour la théologie scholastique. Les moines poussèrent
même leurs études jusque sur le terrain de la médecine. Sous
la protection de Robert, duc de Normandie, un certain Jean
de Milan composa le Code de l'Ecole de Salerne, vers l'an
1100.

Depuis le renouvellement des sciences sous le règne de Charlemagne, la littérature n'eut point en France d'époque plus
heureuse, plus brillante, plus fertile en beaux esprits que le
XII° siècle. Les gens de lettre y furent nombreux, et l'on vit
paraître une quantité prodigieuse d'écrits sur toutes sortes de
matières. C'est avec raison que Raoul de Caen, dès les premières années de ce siècle, apostrophant la France dans un de
ses écrits, la félicite d'être féconde en écrivains: « *Gallia scrip-
toribus dives.* »

A cette époque les écoles de Paris reçurent une impulsion
réelle de progression. Le théologien Abelard y contribua beaucoup par le succès de son enseignement, à mesure que l'on
vit accourir de toutes parts les auditeurs aux écoles publiques
établies par Lothaire et y faire de rapides progrès, l'émulation
s'empara tellement des professeurs des autres sciences, que
l'on ne tarda pas à voir sortir les peuples voisins des ténèbres
séculaires de l'ignorance.

Les Croisades, auxquelles la Provence prit une part active, donnèrent à la société européenne une secousse qui neutralisa tout d'un coup la tendance à marcher vers une existence obscure et matérielle. Cette province fut le premier pays de l'Europe où le mouvement intellectuel prit d'abord racine pour se répandre ensuite dans tout l'Occident.

C'est chez elle que naquit l'ordre de la Chevalerie. La poésie provençale fut encore plus cultivée qu'elle ne l'avait été vers la fin du X⁸ siècle, et elle ne tarda pas à arriver à son apogée. Les poètes provençaux qui avaient fait revivre les anciens bardes gaulois, s'étant multipliés à l'infini, trouvèrent le secret d'ajouter à l'agrément de la rime et de la cadence qu'avaient déjà leurs vers, celui du son des instruments. Ainsi l'on vit se former au milieu d'eux les *violars* ou joueurs de violon, les *juglars* ou joueurs de flûte, les *musars* joueurs d'autres instruments, les *comics* ou comédiens. Cette troupe de poètes musiciens, qui ont été autrefois compris dans le nom général de *jongleurs*, allait de province en province, chantant des poésies devant les rois, les princes, les grands seigneurs, qui pour salaire leur donnaient des draps, des chevaux, des armes, de l'argent. Ils devinrent tellement à la mode dans ce siècle que les évêques même leur donnaient entrée dans leur palais et ne se faisaient pas scrupule de passer les dimanches et les fêtes à leurs vains amusements et d'employer à les payer le patrimoine de Jésus-Christ : c'est le bénédictin Dom Rivet qui le dit.

On peut, d'après cela, se faire une idée de la vogue qu'eut alors la poésie provençale. Aussi depuis 1162, temps auquel l'empereur Frédéric inféoda la Provence à Raymond-Bérenger, qui avait épousé Rixende ou Richilde, sa nièce, jusqu'à la fin du règne de la reine Jeanne, en 1382, la Provence produisit un si grand nombre de poètes célèbres qu'on la surnomma en langue du pays : *la boutiqua dels troubadours*, qualification qu'elle semble vouloir reprendre et mériter de nos jours, grâce à la vigoureuse impulsion du poète Mistral.

3

Ces germes de civilisation amenèrent un courant nouveau à la faveur duquel se fit un mouvement général dans les esprits. Des corporations se formèrent spontanément, professant les diverses branches de l'enseignement et il en sortit un corps général d'études gouverné par des règlements.

Une nouvelle institution venait de naître dans le monde : c'était l'Université. Voilà son origine ! elle est obscure. Elle n'a pas jailli, formée de toutes pièces, de la tête d'un monarque, comme Minerve de la tête de Jupiter, ou de la volonté d'une assemblée; elle s'est confectionnée graduellement, progressivement. Aucun pouvoir n'a assisté à sa naissance, et n'a signé à son acte de baptême. Son véritable parrain, c'est le mouvement intellectuel du XIIe siècle. Elle a été couvée, il est vrai, sous l'aile de l'épiscopat, mais en grandissant elle secouera cette tutelle, tout en gardant de sa première forme une forte teinte ecclésiastique. On peut donc dire d'elle avec beaucoup de raison « *Prolem sine matre creatam.* » C'est seulement sous Philippe-Auguste que l'alliance volontaire des savants professeurs de la capitale prit à bon droit le nom d'Université. A travers les vicissitudes de sa formation et des différentes phases de son existence, l'Université fameuse dès son origine, se vit l'objet d'un grand nombre d'immunités et de privilèges de la part des rois et des papes qui se plurent à l'environner de leurs faveurs. Elle devint ainsi leur fille adoptive. C'est pour cela que les rois ont appelé l'Université de Paris leur *fille aînée.* Cette corporation d'hommes savants eut un territoire à elle, une juridiction spéciale et de véritables vassaux (imprimeurs, libraires, relieurs, papetiers) dans les diverses professions qui relevaient d'elle, et tous ceux qu'on appelait *suppôts* de l'Université.

A cette même époque, la jurisprudence se résumait dans l'étude du droit canon, elle se confondait donc avec la théologie. Mais la découverte des *Pandectes* vint subitement changer la face de cet enseignement. Les Pandectes étaient une compilation que l'empereur Justinien avait fait faire des ordonnances de ses devanciers et des avis des jurisconsultes. Les ordon-

nances avaient été réduites en douze livres sous le titre de
Code et les avis des hommes de loi en cinquante livres sous le
nom de Pandectes ou *Digeste*. A tout cela on avait annexé les
nouvelles constitutions de Justinien et les quatre livres des
Instituts (1), avec défense d'y faire aucun commentaire de
longue haleine. Tribonien, le principal instigateur de cette
entreprise, le fit répandre dans les diverses provinces de l'Empire. Mais les guerres successives, que les Romains eurent à
soutenir, portèrent un préjudice immense à l'enseignement de
ce droit et à sa divulgation. Les Pandectes finirent par tomber
en désuétude et personne n'en parla plus.

Vers 1100, c'est-à-dire 500 ans et plus après la mort de
Justinien, les Pisans ayant pris et pillé la ville de Melfe
(Amalfi, royaume de Naples) y trouvèrent fortuitement les
cinquante livres des Pandectes qu'ils firent transporter à
Pise et garder très soigneusement comme un riche butin. Il y
avait à Bologne un professeur d'origine allemande du nom de
Warnerius, ou *Irnerius* qui enseignait les lettres humaines.
Il eut connaissance de cette découverte, se rendit à Pise et
compila soigneusement ces constitutions de Justinien. Plus
tard il obtint de Lothaire II d'Allemagne que ce droit fut enseigné dans toutes les Universités de son obéissance.

Du jour où ce nouveau droit entra dans l'enseignement
public, il apparut comme un flambeau éclairant l'Europe sur
les notions du droit des gens et du droit civil jusqu'alors mé-
connus. Ce fut l'aurore de la civilisation européenne au réveil
de la société. Le Nord et le Midi accueillirent avec empressement ce droit romain qui plaçait sur la même ligne les hommes que les lois de la Féodalité avaient laissés dans un état
remarquable d'infériorité. A partir de cette époque et durant
tout le XIIᵉ siècle, l'enseignement des écoles publiques se divisa
en quatre sections : théologie scholastique, décret, médecine
des Grecs et droit civil des Romains. Une cinquième qui préparait aux autres comprenait l'enseignement des lettres et des

(1) Les hommes de loi écrivent généralement « *Instilutes* », mais il
me semble plus correct et plus grammatical d'écrire « Instituts ».

arts. Antérieurement, ceux qui se croyaient quelque capacité
se présentaient aux écoles cathédrales pour y faire des leçons
sans autre solennité, mais avant d'y être admis, il leur fallait
passer *maître ès arts*, témoignage de leur suffisance.

En ce temps-là survint aussi un réveil dans la vie politique.
Louis VI, dit le Gros, favorisa l'affranchissement des communes.
Sous son règne, les villes obtinrent des chartes en vertu des-
quelles des échevins ou consuls électifs les administraient. A
l'appui de cette révolution, le roi institua des juges royaux
devant lesquels on appelait des jugements des seigneurs. La
société du Moyen-Age, à la faveur de cette réforme libérale,
qui la faisait à demi sortir de la féodalité, fut saisi d'un immense désir de connaître et de propager les lois romaines qui
semblaient réaliser l'idée de justice et d'égalité dans le droit.
Cette science attira les regards de tous les savants. Les premiers, qui en France enseignèrent le droit romain, stimulés par
l'exemple de *Warnier*, furent les *glossateurs*, ainsi appelés
parce que les jurisconsultes firent des annotations ou *glosses*,
mot que Quintilien (livre 1er) disait signifier : *linguæ secre-
tioris interpretationem*. Pendant qu'Azon expliquait les Pandectes dans la fameuse école de Bologne, Placentin, un des
premiers en France, les commentait à Montpellier vers 1190 et
peu après, à la même époque, Accurse les enseignait à Toulouse. Avec lui finit le nom de glossateurs, du moins avec son
fils François Accurse. Le droit civil devint alors l'étude favo-
rite de tous les hommes instruits et laborieux.

Les villes du midi de la France, Bordeaux, Toulouse, Aix,
Avignon, Grenoble ne contestèrent point le caractère de droit
commun aux lois romaines, et même des dispositions particulières prises par les rois maintinrent successivement dans le
droit d'user de cette législation les provinces méridionales :
le Dauphiné, la Provence, le Languedoc, etc... spécialement
appelés *pays de droit écrit*, comme nous l'avons précédemment prouvé. La Provence en particulier fut toujours consi-
dérée comme pays de *franc alleu*, et le droit romain n'a jamais cessé d'être la base de la législation provençale.

Déjà des jurisconsultes s'étaient fait une brillante réputation ; l'éclat de la savante école de Bologne donnait de l'in-

quiétude aux évêques de Rome, qui craignaient pour la théologie une concurrence redoutable. Si l'Université de Paris,
quoique unique dans l'Europe, les tenait en respect, que ne
serait-ce pas s'il s'en formait de nouvelles? Le pape Alexandre III, sur les plaintes de S¹ Bernard, défendit aux moines
l'étude du droit civil et de la médecine et se garda bien de
nommer des professeurs de droit à Rome. Il entrevoyait le
coup que les écoles de droit allaient porter au système hilde-
brandique (1). Il savait en effet, mieux que personne, l'immense ascendant qu'exerçaient sur les affaires du monde les
jurisconsultes, puisqu'il l'était lui-même, car il avait professé
le droit à l'école de Bologne. Aussi s'évertua-t-il à faire tomber ces écoles en y apportant toutes sortes d'obstacles. La
théologie, la vielle théologie, toute hérissée de formules sco-
lastiques, régnait à Rome, et n'était pas disposée à céder une
parcelle de sa toute puissance. Les conciles de Reims 1431 et
de Tours 1463 dépassant les volontés du pontife, frappèrent
d'excommunication quiconque d'entre les religieux profez ose-
rait enseigner la médecine des Grecs et les lois des Romains.
Malgré les menaces et malgré les entraves, bon nombre de
religieux abandonnèrent les monastères pour aller faire des
lectures publiques en droit civil, et le droit romain fut ac-
cueilli avec enthousiasme dans les provinces qu'il avait autrefois régies.

Au mouvement politique, religieux et social des XI⁰ et
XII⁰ siècles vinrent se joindre le réveil général des études,
l'établissement des Universités, la renaissance du droit romain
et l'enseignement régulier du droit canon. Les Universités
provinciales issues de cette impulsion complexe se sont déve-
loppées au Moyen-Age, grâce à la protection des rois, des princes et des évêques.

(1) Le moine Hildebrand, qui fut élu pape sous le nom de Grégoire VII, en l'an 1073, s'efforça d'établir la suprématie temporelle des
papes sur tous les princes chrétiens. Il voulut aussi émanciper la puissance ecclésiastique et réclama, pour le pape seul, le droit de donner
la double investiture, ce qui fut l'origine de la querelle dite des *Inves-
titures.*

Ce fut surtout au XIII° siècle que les Universités s'organisèrent. Les écoles établies près des églises cathédrales en ont été les premiers germes. Ce nom d'Université avait été consacré dès le principe à de tout autres associations. Il ne voulait certainement pas parler des écoles, le pape Eugène III, lorsque, s'adressant aux chanoines de Sainte-Geneviève, il disait : *Universitati vestræ.* Mais quand les maîtres furent devenus très-nombreux dans une même ville et y eurent attiré une grande affluence d'étudiants, on employa le mot *Universi* et ensuite *Universitas* pour désigner la totalité des maîtres et élèves ; les expressions *scholares universi, universitas scholarium* comprenaient à la fois et indistinctement tous les gens d'école. Appliqué d'abord aux écoles de Paris, le nom d'*Université* le fut successivement à celle des autres provinces de la France et à celle des pays étrangers.

Les évêques conservèrent longtemps l'autorité sur ces nouveaux établissements. Ils nommaient les professeurs et exerçaient une surveillance immédiate et une juridiction absolue sur les études. Le dignitaire, qui les suppléait, s'appelait comme autrefois *Scholastique, Ecolâtre* ou *Chancelier.* Les désordres des étudiants étaient punis par des peines ecclésiastiques, même par l'excommunication ; à cause aussi de leurs privilèges, les juges séculiers ne pouvaient pas connaître des crimes des étudiants. Leurs querelles commençaient ordinairement au cabaret, à l'occasion du vin ou de la débauche et s'étendaient jusqu'aux meurtres et aux dernières violences. Ils allaient à Rome se faire absoudre.

Pour éviter ces fréquents et onéreux pélerinages, qui d'ordinaire donnaient lieu à de nouveaux dérèglements, Innocent III conféra le pouvoir de prononcer ces absolutions à l'abbé de Saint-Victor. Mais le pape n'avait voulu parler que des écoliers de Paris, et l'abbé ayant absous des étudiants de l'Université d'Aix, le pape l'en réprimanda sévèrement.

Ce fait démontre une fois de plus l'autorité absolue que les chefs de l'Eglise avaient sur les écoles publiques.

La Provence sous les princes de race Catalane.
— La fin du XII⁰ siècle commence une période réellement importante pour les lettres et les sciences en Provence.

Les comtes de race catalane régnaient dans ce pays. La princesse Douce, dernier rejeton de Boson, avait épousé en 1112 Raymond-Bérenger, comte de Barcelone et d'Aragon. Son règne, ainsi que celui de ses deux successeurs Raymond-Bérenger II (1143) et Douce II (1166) furent insignifiants et ne présentèrent aucun fait intéressant pour l'étude que nous poursuivons. Mais le règne suivant marque une étape vraiment glorieuse pour la culture des lettres dans notre pays, car c'est de cette époque que date réellement l'Université d'Aix.

Ildefonse 1ᵉʳ, roi d'Aragon et comte de Provence, est le premier, en effet, qui se soit occupé d'une manière utile et profitable de l'instruction de ses sujets. Il établit dans Aix, vers la fin de son règne, en 1196, une académie de sciences « *studium generale* », un *Etude général* (1) comme on disait alors, et que l'on nommera plus tard Université. Cet Etude général « étant du siècle où ces sortes d'établissements furent faits, est par conséquent un des plus anciens de ce genre, dont les premiers savants scholastiques furent les auteurs qui commencèrent de paraître dans ce même siècle (2). »

Comme cette institution était son œuvre, le prince n'oublia rien pour la faire prospérer. Il créa deux chaires : l'une pour la théologie, l'autre pour le droit civil et le droit canon, *utroque jure* ; la faculté des arts existait déjà sous une appellation différente ; on la désignait par les noms de grammaire et de philosophie ; elle jouissait depuis un certain temps d'une grande réputation.

(1) Au X⁰ et XI⁰ siècle, l'ensemble des écoles de Paris était appelé *Studium generale* ; le nom d'Université fut donné peut-être pour la première fois en 1209 dans l'affaire d'Amaury de Chartres (Hist. litt. de la France t. XVI).

(2) De Haitze, *Hist. d'Aix*, t. I, p. 246.

Cet étude général ne tarda pas à devenir florissant dans la province ; nous en avons un témoignage authentique dans la vie de St Jean de Matha (1), où il est dit que, dans son jeune âge, il fut envoyé dans Aix pour y étudier, car c'était une ville recommandable par l'étude des belles-lettres, « *insignem doctrinarum studiis urbem.* » A cette époque, en effet, toute la province y envoyait ses enfants pour les faire instruire dans les lettres et les arts libéraux ou les *grands arts*, comme on disait alors. Les annales attestent qu'il en sortit des savants de premier ordre.

La jurisprudence y était certainement professée « puisque, quelques 70 ans après, je vois, dit Pitton (2), en plusieurs contrats, des personnes signées avec cette qualité *jurium professor* ou *jurisperitus.* » Un des plus illustres hommes de loi de cette époque fut Donna Bernard, qui était à l'apogée de sa réputation en 1240. Il mérita d'être appelé *fameux jurisconsulte provençal* (3). Il eut pour contemporain et pour émule dans l'école de droit Raymond Pennafort, précepteur de Raimond-Bérenger III, fils et héritier d'Ildefons II, et qui fut un des plus fameux supôts de notre école, car il s'est illustré par son célèbre ouvrage de la compilation des Décrétales, qui a été longtemps en vogue dans les études (4). Il fit cette col-

---

(1) St Jean de Matha, fondateur de l'ordre des Trinitaires, naquit à Faucon dans la vallée de Barcelonnette le 24 juin 1169. Sa mère le consacra au seigneur par un vœu solennel. On l'envoya étudier à Aix sous la direction d'habiles maîtres. « Vix dum expleret septennium, cum acris ingenii specimen dedit. Et monuit parentes, ut excoli ac exerceri curarent. Nec obstitit ætas, quominus ac parentum complexu avulsus, Aquas Sextias, insignem doctrinarum studiis urbem mitteretur... .... cœterum in scholis discipuli, in doctrinæ morum magistri partes implevit. » — Puis il alla à Paris prendre le bonnet de docteur en théologie, après quoi il se mit lui-même à enseigner. Ses disciples prirent le nom de Mathurins. — Francisi Macedo, *Vita S. Joannis de Matha*, Roma 1660. — Baillet, Vie des Saints.

(2) Dr Pitton, *Histoire d'Aix.*

(3) Biblioth. d'Aix, manusc. 629. Table des écrivains provençaux par ordre chronologique, par de Haitze.

(4) De Haitze, *Histoire d'Aix*, t. i, p. 222.

lection à l'instigation du pape Grégoire IX, dont il était le chapelain et le pénitencier. Le pape l'adressa aux universités de Bologne, de Paris et d'Aix, qui l'accueillirent si bien qu'on la nomma simplement les *Décrétales*.

Il est donc bien évident qu'au commencement du XIIIe siècle il existait une école de droit à Aix à côté de la faculté de théologie. Un des élèves les plus célèbres qui soient sortis de ces écoles dans ces temps-là, c'est sans contredit Guillaume Durant. Il ne serait peut-être pas téméraire d'affirmer qu'il y a été professeur. Quoi qu'il en soit, il y a fait ses études. Il était né à Puymoisson dans le diocèse de Riez, vers 1230 ou 1232, et non pas à Puimisson près de Béziers, comme l'ont soutenu plusieurs historiens, entre autres l'auteur de l'histoire du Languedoc. Plusieurs raisons militent en faveur de notre assertion : d'abord il est venu faire ses études à Aix et il y a reçu le bonnet de docteur, suivant Pitton (1), ce que probablement il n'aurait pas fait, s'il eut été des environs de Béziers ; en second lieu, le jurisconsulte provençal Jacques de Bellevue, dans son traité « *de Ratione studendi in utroque jure* », parle de Durant comme d'un compatriote. De plus l'abbé de Lérins, Denys Faucher, le mentionne comme un poète provençal brillant dans les cours d'amour. Il dit en propres termes qu'il est originaire de Puymoisson (2). De Haitze le fait naître aussi dans la même localité (3).

Guillaume Durant devenu évêque de Mende, fut plus tard professeur dans la célèbre Université de Bologne, où il commenta le décret de Gratien et les Décrétales de Raimond Pennafort. Doué, dit Pasquier (4), de « plusieurs singularités de nature et entre autres d'une prodigieuse mémoire », il fut

---

(1) Pitton, *Histoire d'Aix*, p. 597. — L'auteur fait un anachronisme en mettant le doctorat de Durant en l'an 1200.

(2) Bibl. d'Aix, manusc 536, p. 48. In Provincia floruit Willelmus Durandus alius tamen ab eo de quo mentio jam facta est Mimatensi episcopo et Podio Mussonio oriundo, quique Romæ mortuus est, ad Minervam sepultus est.

(3) Bibl. d'Aix, manusc. 629.

(4) Pasquier, Recherches sur la France, 1723, t. I.

après les glossateurs le premier des docteurs de droit qu'on appela *scribentes*. Il composa ensuite un *commentaire* sur les canons du concile de Lyon, un *Traité de la célébration des conciles* et un répertoire de jurisprudence.

Il est possible, comme certains historiens l'ont affirmé, que quelques-unes de ces productions soient de son neveu, Guillaume Durant le jeune, qui lui a succédé au siège de Mende. Mais c'est à l'oncle qu'appartient indubitablement le *speculum juris* (1), grand et laborieux ouvrage qui fut le principal titre de sa réputation et qui lui valut le surnom de *speculator*. Cet ouvrage, qui fut annoté par les jurisconsultes Jean André et de Balde, servit de miroir aux docteurs des écoles de droit, et pendant deux siècles, jusque vers 1500, il resta entre leurs mains comme le meilleur des ouvrages de l'époque.

L'évêque de Mende essaya d'apporter une réforme dans les études. Pour distribuer plus équitablement les bénéfices et les remplir dignement, il proposa d'en assigner la dixième partie aux étudiants pauvres de chaque faculté, dans le but de multiplier le nombre des hommes savants capables de servir l'église. Il demanda que le pape ne donnât point de bénéfices à d'autres, tant qu'il y aura dans la ville ou le diocèse des docteurs qui n'en seront point pourvus. C'est là l'origine du droit des gradués que le concile de Bâle reconnut plus tard d'une façon formelle. Il se plaint en outre de ce que l'on délaisse l'étude de la théologie pour s'appliquer aux vaines subtilités de la dialectique. Il propose de réformer les Universités et empêcher les étudiants de se livrer aux folles dépenses, aux festins, aux divisions et aux intrigues. Il veut en un mot éviter que les étudiants retournent ignorants en leur pays, même avec le titre de docteur.

Le nom de Durant est le plus célèbre que la France ait fourni à l'histoire des canonistes du XIIIe siècle, et son ouvrage,

_____

(1) Le *Speculum juris ou judicale* fut imprimé pour la 1re fois à Strasbourg en 1473. Ce même auteur a composé encore le *Rationale divinorum officiorum*, souvent réimprimé et dont une édition de 1459 passe pour le troisième ouvrage imprimé avec date, que l'on connaisse.

plusieurs fois commenté dans le siècle suivant, avait encore à
la fin du XVᵉ beaucoup d'autorité dans les écoles et dans les
tribunaux. Travailleur infatigable, doué d'ailleurs d'une
grande facilité, Durant a obtenu dans plusieurs genres les ap-
plaudissements de ses contemporains. Il mourut à Rome le
jour de la Toussaint 1296, dans le couvent des Dominicains de
la Minerve où l'on voit encore son tombeau. Il avait joué en
Italie un rôle de premier ordre, car il fut le bras droit de dix
papes durant un espace de trente ans (1). Il avait conduit toutes les affaires avec tant de capacité qu'on le surnomma le *Père
de la pratique.* Tel fut en peu de mots un des premiers élèves
des écoles de notre ville.

A l'origine de l'Université d'Aix, les cours se faisaient dans
une maison de très modeste apparence située dans un prolon-
gement de la rue de Jouques, la rue Riquière. On la recon-
naît encore de nos jours à son enseigne. Sur le fronton de la
porte on voit un livre sculpté en relief sur la pierre de taille.
C'est dans ce local sombre et humide qu'on enseignait les
sciences, gratuitement pour les enfants pauvres. Le maitre
s'asseyait sur un escabeau, les élèves sur la paille, une chan-
delle d'une main, la plume de l'autre, le cahier sur les genoux
et le maitre dictait.

Dans une rue collatérale, la rue de l'Ecole, on fonda, quelque temps après une bibliothèque exclusivement composée de
manuscrits, car l'imprimerie n'était pas encore de ce monde.

Deux professeurs furent chargés au début d'enseigner la

(1) Leclerc en a fait une savante biographie. — Le pape Clément IV,
provençal comme lui (il était de Saint-Gilles), le fit son chapelain et
auditeur général de son palais.

Il fut aussi chanoine de Beauvais, de Narbonne et doyen de Chartres.

Nicolas III le fit gouverneur du patrimoine de St Pierre et général
des troupes ecclésiastiques avec lesquelles il remporta plusieurs avantages sur des villes rebelles de la Romagne.

Honorius IV confirma son élection à l'évêché de Mende.

Boniface VIII voulut le transférer à l'Archevêché de Ravenne, mais il
refusa.

théologie : un lisait la scholastique et l'autre les deux Testaments et les livres sacrés. Plus tard cette seconde chaire sera scindée. Un professeur sera spécialement désigné pour la lecture du vieux Testament en hébreu.

Les étudiants en cette faculté, placée au premier rang, devaient être âgés de plus de 20 ans, et on exigeait d'eux un caractère doux et tranquille, humble, débonnaire et charitable ; ils devaient avoir une connaissance suffisante des trois langues, grecque, latine et hébraïque. Ce n'était qu'à la fin de la sixième année d'études qu'ils pouvaient passer bacheliers en théologie : quatre ans après, à la suite d'études plus sérieuses, ils prenaient le grade de licencié après des examens publics.

Un pareil labeur n'aurait pas amené de nombreux élèves : mais il y avait, au bout, des fonctions grassement rétribuées; des licenciés étaient pourvus de gros bénéfices, et les aspirants ne manquaient pas.

Le doctorat venait ensuite ; or, dans ces premiers temps de l'Université, n'arrivait pas qui voulait à ce haut grade. Le nombre en était limité, et on ne recevait des docteurs qu'au fur et à mesure des places vacantes. Les nominations se faisaient au concours et les capacités pouvaient se faire jour bien mieux qu'à notre époque, qui a vu supprimer le concours, d'où sont sortis les plus grandes illustrations de la France, car c'est le meilleur moyen d'apprécier le talent à sa juste valeur. Tout autre mode de nomination respire la faveur et peut être tenu en suspicion *ipso facto*.

Le droit était enseigné par deux professeurs : l'un enseignait le droit canon ; l'autre lisait les Instituts en les annotant et commentant à sa guise. Comme pour la théologie, les élèves parvenaient au baccalauréat et à la licence, en moins de temps cependant, mais toujours après des examens publics, témoignage de leur capacité. Le doctorat en droit, à l'inverse de la théologie, était donné à tout disciple qui en soutenait les épreuves d'une manière satisfaisante. C'est à cette époque que le pape Eugène III créa les grades de bachelier, licencié et docteur pour donner de l'émulation aux écoliers, ainsi que l'observe le P. Pagi (1), titres qui ne furent mis en usage que vers 1230.

La médecine n'était pas encore enseignée à Aix à cette époque. Elle ne prendra son rang officiel dans l'université que beaucoup plus tard.

Nul ne pouvait demander son immatriculation dans l'une ou l'autre des facultés, s'il n'était pourvu du grade de *maître ès arts*. Ce titre ne s'obtenait qu'au sortir des écoles de grammaire et de philosophie. Les *artistes* d'alors représentent nos modernes bacheliers. Les maîtres, qui donnaient l'enseignement pour parvenir à ce grade, constituaient la *Faculté des Arts* ; plus tard elle prendra le nom de Collège. On exigeait de ces professeurs ou régens au nombre de six au début trois conditions essentielles : 1° de bien savoir ce qu'ils devaient enseigner ; 2° d'avoir une bonne méthode d'enseignement ; 3° d'avoir une langue bien pendue pour professer.

Ils étaient chargés, sous la surveillance d'un principal, d'enseigner les trois langues latine, grecque, hébraïque, la grammaire, la rhéthorique, la dialectique, les mathématiques, la physique, l'éthique, l'économique et la politique.

Les élèves subissaient à la fin de chaque année des examens et des récompenses étaient attribuées aux plus méritants ainsi qu'à leurs maîtres les plus dignes. On parvenait à la maîtrise ès arts au bout de six ans d'études.

Les élèves faisaient bien entendu les frais de leur instruction ; quelques uns étaient boursiers, c'étaient les jeunes gens dépourvus de fortune, ils étaient entretenus et instruits gratuitement; leur nombre était limité. Les dépenses étaient relativement minimes ; il existait au sein de la faculté des arts des frais, qui nous paraîtraient aujourd'hui vexatoires, tant ils ressemblaient à de petites gabelles. L'économe fournissait bien les chandelles et les chandeliers pendant l'hiver, mais il exigeait une rétribution *pro candelis, pro candelabris, pro cathedra, pro scamnis, pro edicto* pour la frisure, les messes, la fourrure du chancelier, les gants, les bonnets, le manteau fourré

(1) Pagius. *In Breviaro gestorum Pontif.*

du bedeau, la paille, les pelottes, le chapeau du recteur, le banquet des régents etc. etc.

La faculté des arts eut une existence très mouvementée avec de nombreuses alternatives de hausse et de baisse ; et il n'a rien moins fallu que des édits de la part des souverains, Henri IV entr'autres, pour lui assurer plus tard une existence à peu près stable jusqu'à l'arrivée des Jésuites, qui eux l'étouffèrent en plein, et ce n'est qu'en 1763 qu'elle reverra le jour.

Elle a joué pendant plus de deux siècles un certain rôle dans l'Université, car c'est dans son sein qu'on choisissait le recteur, c'était le chef du collège : *collegii caput est.*

« Le Recteur, comme aussi les quatre censeurs doivent être choisis des plus vénérables et mieux affectionnés au bien public parmi les maîtres ès arts. Leur devoir est de veiller et observer que tous les professeurs facent le debvoir de leur charge, de faire pourvoir aux vacances selon l'ordre estably et pour cela de visiter souvent le collège et aultres sales des leçons pour voir la doctrine et la nourriture des pensionnères et de ceux qui doibvent estre nourris, à ce que le tour aille selon l'ordre qu'on establira, assisteront aussi ès actes solennels et approbation de toutes sortes de disciples qui se peuvent promovoir, empêcheront que les frais de promotions ne passent les bornes limitées, ordonneront les salaires ou récompenses de surcroist selon les diligences recognues à l'advancement des disciples en chaque profession. Ce sera un grand coup d'esperon pour exciter chascun professeur à bien faire si es fins des années outre leur gage arresté on faict quelque présent à ceulx qui se trouveront avoir mieux faict en leur profession ».

La faculté des arts était divisée en trois nations : la bourguignone, la provençale et la catalane. Tous les étudiants juraient obéissance et soumission au recteur, qui n'était nommé que pour un an. Il ne pouvait être moine ou religieux que par une espèce de dispense. Sa juridiction s'étendait sur tous les membres de l'Université, son conseil était composé de députés de différentes nations : deux de la bourguignone, deux de la provençale et deux de la Catalane. Il était de règle qu'un professeur de la faculté des arts fut du conseil, dont étaient exclus les régens et les docteurs des autres facultés.

Les frais des théologiens se chiffraient par une somme assez ronde, car ils avaient à payer les bourses du premier, second et troisième principe, le banquet de salle après chacun de ces principes, la tentative, le souper du Président, la petite ordinaire, les titres, la grande ordinaire, les bourses de la licence, les bonnets des maîtres, le banquet de la doctorerie, la crastine, les antéprédicaments et les post prédicaments de chaque acte, les amendes, le banquet de M. des Sentences ainsi que celui des Compagnons durant l'examen. Ils avaient aussi dans l'intervalle à payer pour passer les positions de tout le cours.

Les étudiants en droit avaient un peu moins de frais parce qu'ils avaient des études moins longues, moins sérieuse et moins d'examens à subir.

Il nous est impossible de donner des détails plus circonstanciés sur les premiers âges de l'Université d'Aix ; les archives de la ville d'Aix ayant été incendiées par les soldats de Charles-Quint.

D'Ildefons Ier à la première maison d'Anjou, la Provence fut successivement gouvernée par Ildefons II, Raymond Béranger III, Raymond Béranger IV, Béatrix et Raymond Béranger V qui ne secondèrent pas la généreuse impulsion donnée aux études universitaires par leur aïeul. L'histoire, du moins, ne rapporte aucun fait important à leur actif.

Ildefons II fut un prince protecteur des troubadours. Troubadour lui-même il chanta ses amours et encouragea la poësie provençale pour laquelle eut aussi beaucoup de goût sa femme Garcende de Sabran héritière de Forcalquier (1). Raymond Béranger III, pendant les trente-six années de son règne, fut adoré de ses sujets ; il eut la joie de voir ses quatre filles devenir reines et par ses vertus il mérita d'être appelé « *le plus sage et le plus illustre des princes du monde* » par St Louis son gendre. Sous ce règne la Provence avait été le séjour de ce mélange de politesse, d'esprit et de galanterie formant une science aimable expressivement caractérisée par le nom de *Gai Saber*.

Raymond Béranger IV eut un règne très agité. Il avait vu

(1) Boisson de la Salle, *Histoire des Comtes de Provence*, p. 131.

pendant sa minorité les villes d'Aix, d'Arles, Marseille et Avignon s'ériger en républiques municipales, tendance qu'avaient alors toutes les villes du midi. Il accorda des priviléges, des chartes à toutes ces villes, sous la condition qu'elles reconnaîtraient son titre de Comte de Provence et sa souveraineté. Il prit pour ministre Romieu de Villeneuve qui par son habile administration, releva la fortune et la prospérité de la Provence. Dante en parle dans son paradis perdu. Raymond Béranger IV mourut à quarante-sept ans et laissa le comté de Provence à sa fille Béatrix qui épousa Charles d'Anjou, frère de St Louis. C'est Romieu de Villeneuve qui avait préparé cette alliance et prélude à l'annexion ultérieure de ce pays à la couronne de France.

La dynastie aragonaise avait été fort aimée en Provence parce qu'elle en avait adopté les mœurs, la langue et les coûtumes ; et par leur manière de faire les princes de cette famille avaient exercé une heureuse influence sur la civilisation du pays.

A cette époque le midi de la France était sous le coup d'une fermentation extraordinaire. Le Languedoc et la Provence se distinguaient du reste de l'Europe par leur civilisation. La langue française, alors à l'état embryonnaire, n'était qu'un jargon barbare, tandis que la langue provençale était devenue celle des beaux esprits pendant le règne de la famille aragonaise des comtes de Barcelone. Par sa gracieuseté, sa flexibilité, l'harmonie de ses tournures et ses expressions pittoresques, elle était empreinte d'une certaine couleur poétique ; aussi les troubadours, les *félibres* de l'époque, en l'employant à chanter gracieusement les exploits guerriers ou amoureux avec l'entrain du *Gai Saber* l'avaient rendue populaire dans le monde entier ; Frédéric Barberrousse, qui avait beaucoup vécu en Italie, préférait s'exprimer en provençal.

Cette supériorité intellectuelle avait fait naître dans l'esprit ardent des habitants du midi, mille systèmes religieux, qui, portant atteinte à la pureté des dogmes ecclésiastiques attirèrent sur leurs têtes les foudres de l'Eglise par la voix de l'impérieux Innocent III et préparèrent les sanglants exploits de Simon de Montfort. Ce même pontife, que Bossuet a si sévère-

ment traité dans sa défense de la déclaration de 1682 (1), prê-
cha du haut de la chaire de St-Pierre la croisade contre les
Albigeois ; guerre malheureuse qui assombrit la fin du règne
de Philippe Auguste en jetant un long crêpe de deuil sur les
provinces méridionales. Cette tuerie intestine amena l'établissement en France du tribunal de l'Inquisition. Un moine Espagnol, St Dominique, vint en 1215 installer chez nous cette juridiction spéciale qui n'était pas dans les mœurs des Français (2).
Le célèbre Inquisiteur fonda dans le Midi plusieurs maisons
religieuses, une à Toulouse, une autre à Aix sous le nom de
frères prêcheurs qui prirent plus tard le nom de *Dominicains*. En 1226 ces religieux furent reçus dans la ville d'Aix
par la piété du comte Raymond Bérenger V, qui, étant grand
ennemi des hérétiques, aimait beaucoup cet ordre qui leur faisait sans cesse la guerre spirituelle ; de plus St Dominique était
espagnol, comme l'étaient les ancêtres du Comte (3). En 1243
par un statut de leur chapitre tenu à Paris les Dominicains
s'interdisent l'étude et la pratique de la médecine.

En 1277 on institua dans la maison d'Aix les lectures publiques de philosophie et de théologie. Il s'éleva donc dans cette
ville un enseignement indépendant à côté des écoles officielles.
Déjà trois ans auparavant les notables aixois en avaient fait la
demande aux religieux de cet ordre assemblés en chapitre à
Toulouse. « Ces leçons s'y continuent encore de nos jours, dit
de Haitze, et ces écoles après celles de l'Université ont l'avantage d'être les plus anciennes de la ville parmi celles qui y
subsistent (4) ».

Cependant le règne de Philippe Auguste avait grandement
favorisé l'existence de l'Université de Paris en lui accordant

(1) *Defensio declarationis*, caput xx-xxi, p. 194-195, édit. des frères Gaume.
(2) En 1294, le peuple de Carcassonne, pour se venger de l'inquisition, avait représenté le Diable en habit de Dominicain, parlant à
l'oreille du prince, qui, trois ans après, allait être appelé St Louis.
(3) Le couvent d'Aix fut la proie des flammes en 1383 avec toutes ses
archives.
(4) De Haitze. Histoire de la ville d'Aix.

4

d'immenses privilèges. Les statuts approuvés par Innocent III en 1210 nous apprenent qu'on obtenait à vingt-un ans le premier degré dit *baccalauréat* ou *déterminance* parce qu'il décidait de l'entrée dans la corporation, et cet acte ne pouvait avoir lieu qu'après avoir suivi pendant six ans au moins les leçons de la faculté des arts. La *licence* ou permission d'enseigner était exigée de quiconque voulait tenir école. Elle n'était délivrée par le chancelier qu'après avoir fait pendant deux ans des leçons sous la direction d'un docteur et avoir été jugé capable par l'association des maîtres *electorum consortium magistrorum*.

Un peu plus tard en 1268, St Louis conclut avec le pape Clément IV le traité appelé *Pragmatique sanction*, qui, en réformant l'enseignement des facultés de théologie, assurait les libertés de l'Église Gallicane. Ce pontife avait antérieurement décidé que tous les bénéfices étaient à la disposition du pape et qu'il les pouvait donner vacants par collection immédiate et non vacants par survivance, ou comme on disait alors *par expectative*. Ce qui détermina beaucoup d'ecclésiastiques à abandonner l'étude de la théologie pour celle du droit canon qui conduisait plus sûrement à des fonctions lucratives.

Le droit canon était régulièrement enseigné dans les deux Universités de France, Paris et Aix. Mais l'étude du droit romain avait été un moment interrompue à Paris, non à Aix, par l'effet de la fameuse décrétale *Super specula* lancée en 1219 par le pape Honorius III (1). Ce pontife, voyant les écoles de théologie se dépeupler, avait repris en sous œuvre les résolutions d'Alexandre III et des conciles de Reims et de Tours. Il avait menacé d'excommunication quiconque enseignerait le droit. Renchérissant sur les inhibitions de ses prédécesseurs, il voulut qu'elles s'étendissent *adversùs archidiaconos, decanos, plebanos, præpositos, cantores et alios clericos personatus habentes nec non presbyteros* (c'étaient ceux qui avaient

---

(1) Sept ans auparavant, le légat Robert de Courçon avait interdit aux abbés, aux prieurs, aux moines et aux prêtres les fonctions de juges, d'assesseurs, d'avocats, de témoins.

charge d'âmes que nous appelons curés). Ces inhibitions, défenses et restrictions concernaient non seulement la France entière, mais encore toute la chrétienté et autres lieux où on enseignait les belles lettres (1). Poussant encore plus loin sa haine contre le droit romain, ce pape défendit à l'Université de Paris en particulier d'enseigner cette science. S'inspirant de la maxime de son prédécesseur Innocent III « qu'il fallait par une douce sagesse empiéter constamment sur la puissance séculière », Honorius III avait cru devoir faire cette interdiction contre la France, sans l'offenser. Cette décrétale portait à faux, car elle semblait dire que la majorité de la France était régie par la législation romaine. C'était une erreur. Une partie vivait sous le droit coutumier ; l'autre était le pays de droit écrit, nous l'avons déjà dit. Dans les provinces qui se réglaient par leurs coûtumes, Honorius ne tenait certainement pas y laisser pénétrer le droit romain. Quant au pays de droit écrit, ce n'était pas le code de Justinien qui y était en usage, mais le Code Théodosien réformé par les Visigoths. Ces défenses ne pouvaient donc s'appliquer qu'à l'Université de Paris.

Le successeur d'Honorius III, Grégoire IX, dans une bulle adressée aux professeurs, leur recommande l'enseignement exclusif de la théologie dans toute sa pureté et sans aucun ferment de science mondaine. Il ne veut point que la parole de Dieu soit adultérée par les fictions des philosophes. Durant son pontificat, vers l'an 1233 il fit publier les cinq livres de ses décrétales, qui étendirent à beaucoup de matières civiles la jurisprudence canonique. Cette même année il accorda la bulle de fondation de l'Université de Toulouse ; et comme il le dit lui

---

(1) Quia tamen in Francia et nonnullis provinciis.. ...... firmiter interdicimus et districtius inhibemus, ne Parisiis, vel in civitatibus et aliis locis vicinis quisdam docere vel audire jus civile praesumat. Et qui contra fecerit, non solum ad causarum patrocinium excludatur, verum etiam per episcopum excomunicationis vinculo innodetur. (Hist. litt., t, xvi).

« Déchiffrez cette décrétale, disait Pasquier, à telle façon qu'il vous plaira, vous y trouverez un tel entrelas de paroles que serez bien empesché de juger sur quel pied seront faites telles défenses. » (Pasquier. Recherches sur la France).

même, il avait l'intention de fonder non une université de loix, mais de théologie principalement, à cause de l'hérésie albigeoise qui avait envahi la plus grande partie du Languedoc.

Le pape Innocent IV fit une constitution touchant les études, qu'il adressa à tous les prélats d'Europe. « Nous apprenons avec douleur, disait-il, que tous les clercs quittant la philosophie, pour ne point parler maintenant de la théologie, s'appliquent à l'étude des lois séculières; et ce qui est plus condamnable, dans la plupart des pays, les prélats ne prennent plus pour les bénéfices et les dignités ecclésiastiques, que des professeurs de droit ou des avocats, qu'on devrait plutôt en éloigner, s'ils n'étaient recommandables d'ailleurs. Ainsi ceux qui étudient la philosophie demeurent dans la misère, manquant de subsistance et si mal vêtus qu'ils n'osent se montrer, tandis que les avocats marchent avec pompe sur des chevaux bien enharnachés, vêtus de soye, brillants d'or, d'argent et de pierreries, attirant l'indignation des laïques, non-seulement contre eux, mais contre toute l'Eglise.

« Voulant donc réprimer leur insolence et relever l'étude de la théologie ou du moins de la philosophie, qui bien que sans piété conduit à la science et détourne de l'avarice : Nous ordonnons qu'à l'avenir aucun professeur de loix, ni aucun avocat ne soit promu aux dignités ou aux bénéfices ecclésiastiques, s'il n'est instruit des arts libéraux et recommandable par ses mœurs. Si quelque prélat entreprend de violer cette constitution, la provision sera nulle, et il sera pour cette fois privé du droit de conférer. En cas de récidive, il pourra craindre de perdre sa prélature. Nous défendons d'enseigner à l'avenir les lois séculières dans les royaumes, pourvu que les rois et les princes y consentent. »

Ce pontife avait entamé, pour placer la maison d'Anjou sur le trône des Deux-Siciles, une négociation qui se continua sous Alexandre IV et Urbain IV. Celui-ci étant français resta l'ami de ses compatriotes. Ce fut son successeur Clément IV qui acheva d'établir Charles d'Anjou sur le trône de Naples.

La proscription systématique et coupable des évêques de Rome contre le droit civil eut pour effet immédiat de faire délaisser l'étude du latin et des belles-lettres par tous ceux qui ne voulaient pas entrer dans le clergé, et les noms de Cicéron et de Virgile furent complètement ignorés en 1254. Les pontifes de Rome ne voyaient pas sans quelque terreur le droit romain acquérir un ascendant capable d'arrêter leur domination. Aussi avaient-ils interdit l'établissement d'une école de droit dans la ville éternelle, quelque lustre qu'elle en eut reçu, puisque les empereurs, avant Justinien, en avaient mis deux dans le *domicile du destin de l'Empire*, comme l'appelle Tacite ; tout comme Auguste avait établi une bibliothèque de droit dans le temple d'Appollon, qui donna lieu au jurisconsulte *Appollo* de Juvénal.

Ecoutons le jurisconsulte provençal, Saurin (1) : « Loin que « les évêques de Rome songeassent à rétablir dans leur ville « les anciens professeurs de droit, que la barbarie des Goths « en avait fait fuir, je crois, Dieu me le pardonne, que ces « évêques hildebrandistes, encore plus barbares, les en au- « raient chassés, s'ils les y avaient trouvés, et fait sauter leur « école du haut du capitole en bas. J'ai quelque lieu de le « croire, puisqu'ils tentèrent de les précipiter encore plus « bas ; nous voyons dans Mezeray, au chapitre des choses ec- « clésiastiques, sous Philipe-le-Bel, qu'ils ne condamnaient « pas à moins qu'à l'enfer ceux qui enseignaient le droit, et « l'on s'était épouvanté du *fulmen brutum* des excommuni- « cations qu'ils lançaient contre eux.

« Un double motif les portait à cette extravagance : le pre- « mier était que ces écoles de laïques qui jusqu'alors croupis- « saient dans l'ignorance, n'y ayant que des clercs qui con- « nussent les lettres, ils se voyaient enlever tout d'un coup la « domination sur la doctrine, dont ils jouissaient paisible- « ment par leurs ecclésiastiques. Ceux-ci s'estaient si fort em- « parés des lettres, que l'on donnait le nom de *clerc* à tous « ceux qui les cultivaient, et ce titre passait ensuite par cor- « ruption jusqu'au secrétaire des savants, titre qui a été pros- « titué jusqu'aux scribes des procureurs.

(1) Correspondance manuscrite de Saurin et Decormis à la bibliothèque d'Aix.

« Le second motif des évêques de Rome fut que ces nouvel-
« les écoles de droit seraient comme autant de digues au tor-
« rent de leurs usurpations, qui, n'en ayant pas eu jus-
« qu'alors, étaient allées fort vite pendant les six ou sept siè-
« cles de barbarie et d'ignorance jusqu'au XVe ; ils avaient
« bien l'esprit de prévoir que les grands personnages qui se
« formeraient dans ces écoles, seraient comme autant de flam-
« beaux qui éclaireraient leurs sourdes menées et dévoile-
« raient à la face de l'univers les fraudes, les altérations et
« suppositions faites dans les textes, et auxquelles ils avaient
« réussi à la faveur de l'ignorance des peuples, car ils avou-
« aient eux-mêmes que les jurisconsultes, occupés sans cesse à
« diriger par les lois les actions morales et civiles des hom-
« mes, ne pouvaient être que la lumière du monde civil ; l'em-
« pire et le sacerdoce sont d'accord sur ce point. Si Frédéric
« et les Etats-Généraux de son empire disent dans l'authenti-
« que *Habita* (1), que par les jurisconsultes *totus illumina-
« tur mundus*, le canon *Multi de pœnis* (distint. 2e) dit d'un
« autre côté qu'ils sont comme des rayons de soleil, *quasi
« radii solis*. Boniface VIII n'appelait-il pas aussi le pro-
« fesseur Joannes Andreas, *lumen mundi* ? Il le pouvait bien,
« puisque l'Eglise, en l'antienne des docteurs, les compare au
« soleil, *quorum doctrina fulget ecclesia ut sol et luna.*
« En effet, si la loi est l'âme du corps politique, n'a-t-on pas
« raison de dire que ceux *per quos jura traduntur*, comme dit
« Pomponius en la loi seconde *de origine juris*, conservent
« cette âme ! Et si, suivant le poète Stace, les avocats donnent
« de l'esprit et des lumières aux juges, *dant mentem judi-
« cibus*, les professeurs en donnent aux avocats et la lumière
« de ceux-ci se répand ensuite dans tout le peuple (2). »

La politique seule était le mobile qui faisait agir les pontifes

(1) Nous devons, dit l'empereur Frédéric dans cette fameuse ordonnance rendue en faveur des études, nous devons notre protection à tous
nos sujets, mais surtout à ceux dont la science éclaire le monde et dont
les leçons instruisent nos peuples de l'obligation d'obéir à Dieu et à
nous qui sommes les ministres de la puissance divine.

(2) C'est un avocat qui parle.

de Rome. Il est digne de remarque que les Rois, pour une raison identique, firent la même prohibition. Une ordonnance de Philippe le Bel défendit aux clercs de siéger dans les tribunaux et même d'exercer les fonctions de procureur ou d'avocat. En revanche il accorda de nouveaux privilèges à l'Université, tout en confirmant les anciens. Il lui témoigna une telle affection, qu'il alla jusqu'à l'affranchir de quelques-unes des charges que la pénurie des finances faisait sans cesse inventer. Il espérait de cette façon se soustraire à l'influence du clergé. Et Dieu sait si la querelle fut envenimée entre le royaume de France et la papauté. Excommunié par Boniface VIII, Philipe le Bel convoqua les États-Généraux pour qu'ils jugeassent entre lui et le pape. Les communes y furent appelées pour la première fois. La mort de Boniface VIII en 1303 mit fin au débat.

A Paris on se soumit aux volontés de Rome ; l'école de droit fut réléguée à Orléans et perdit tout son prestige. Dans ce treizième siècle, la jurisprudence civile, professée ou non dans la capitale, l'était bien certainement à Toulouse, à Montpellier, à Aix, à Oriéans, à Angers. L'interdiction d'Honorius III n'était donc pas observée dans une grande partie de la France. Accurse, le plus illustre représentant de cet enseignement à cette époque, devint à Toulouse le chef d'une école regardée comme intermédiaire entre celle de Warnerius et celle de Barthole.

Considéré dans les écoles, le droit civil jette fort peu d'éclat en France durant ce siècle ; il se confond encore avec le droit canon qui le domine et l'éclipse. Le seul nom célèbre que l'on puisse citer est celui de Guilaume Durant, l'ancien élève des écoles d'Aix. Son *Speculum juris* embrasse l'un et l'autre droit.

La théologie et la jurisprudence étaient les deux premières facultés ; celle de médecine n'existait pas dans toutes les Universités. La qualification d'*arabistes* ou disciples des Arabes servait à la plus part des médecins de cette époque. L'empereur Frédéric II et Charles d'Anjou ont puissamment secondé cette étude dans l'école de Salerne. Ce dernier prince eut pour médecin (physicianus) Jean de Nigella, qui fut aussi chapelain

du pape. Par ordre du Comte, un juif nommé Faragio tra-
duisit Rhazès en latin. Honorius III avait défendu aux archi-
diacres, doyens, curés, prévots, chantres, prêtres et bénéfi-
ciers l'étude et l'exercice de la médecine. C'était beaucoup
ajouter aux décrets du concile de Latran qui, en 1215, n'avait
interdit aux ecclésiastiques que les opérations chirurgicales
par le fer et le feu.

A la théologie, à la jurisprudence, à la médecine, il faut,
pour compléter le système des études supérieures de ce temps-
là, joindre la quatrième faculté, celle des arts, qui dès
le XIII° siècle était le plus souvent désignée par les noms de
philosophie et de grammaire; dans l'ordre de l'enseignement
elle devait précéder les trois autres. Elle délivrait à la fin des
études le diplôme de *maître ès arts*, qui permettait d'aborder
l'étude de l'une des sciences enseignées dans les autres
facultés.

**La Provence sous les Princes de la maison
d'Anjou.** — La Provence était à cette époque gouvernée par
les comtes angevins. La transition des comtes de race catalane
à ceux de race angevine s'était opérée sans secousse.

Charles I°ᵉ d'Anjou, roi de Naples, né en 1220 de Louis VIII,
roi de France, et de Blanche de Castille, avait reçu en apanage
le comté d'Anjou. Ayant épousé Béatrix, quatrième fille de
Raymond-Bérenger le dernier comte de Provence, la succession de ce comte lui fut assurée au préjudice des trois sœurs
aînées, qui avaient épousé les rois de France, d'Allemagne et
d'Angleterre.

Charles I°ᵉ et Béatrix régnèrent avec une certaine vigueur,
car il leur fallut dompter presque toutes les grandes cités de
Provence. Aix et Arles, qui s'étaient révoltées, firent leur soumission en échange de privilèges municipaux. Marseille se
soumit au retour de la croisade d'Egypte, où le comte avait
accompagné son frère St Louis. Charles I°ᵉ fut renversé par
une révolution, il mourut le 7 janvier 1285.

Béatrix, par son testament, institua son fils aîné héritier du
comté de Provence. Charles II, qui était chétif et boîtait du

pied gauche, fut surnommé le *temporiseur* ou le *tardif*. Il vint
résider en Provence où ses parents n'étaient pas restés un
seul jour. Il fut plus doux, plus humain, plus religieux que
son père. Durant son règne il donna une charte qui plaçait
la commune d'Aix sous la présidence d'un syndic. Après avoir
régné vingt-cinq ans, et avoir mérité l'amour de son peuple
par son humanité, ses bonnes lois et son attachement à la justice, il mourut à Naples le 5 mai 1309 (1). Il avait eu de son
mariage avec Marie, fille d'Etienne V, roi de Hongrie, et sœur
de Ladislas, dix garçons et cinq filles (2). Nous savons que sous
son règne on réforma toutes les parties de l'administration,
qui étaient trop négligées. On réduisit les officiers de justice
dont la multiplicité rendait lourde la charge de l'Etat. Le
comte corrigea en même temps les abus de la procédure et
donna des règlements aux officiers appelés *maîtres rationaux*,
chargés de la révision des comptes publics. Il fit diverses lois
concernant les Juifs, les usuriers et les usurpateurs de noblesse. Il confirma les franchises que son père avait accordées
à plusieurs villes et combla les provençaux de bienfaits.

Les vieux manuscrits nous apprennent encore que sous son
règne il y eut des jurisconsultes dont la réputation eut une
certaine célébrité, par exemple *Rostang de Capra*, originaire
de Grans, qui fut successivement professeur de droit à Aix,
chanoine d'Arles et archevêque de cette ville en 1286. Dans la
sentence arbitrale rendue par le comte Charles II et Raymond
Ruffi, archevêque d'Embrun, le 15 janvier 1293, on trouve
parmi les témoins Thomas Seillans, qualifié de professeur en
droit et juge-mage de cette province, ainsi que Mile, Pierre
Lautier, docteurs en droits (3). Bertrand Gantelmi, en 1287,
était un jurisconsulte renommé en Provence.

(1) Son corps fut porté dans l'église du couvent de Saint-Barthélemy
qu'il avait fondé à Aix.

(2) Bénédictins. Art de vérifier les dates.

(3) Sentence arbitrale du 15 janvier 1293 touchant la cotte de la
dîme des bleds, raisins, fruits, qu'est de coutume de payer en la ville
d'Aix et son terroir, passée entre Charles II et Raymond Ruffi, archevêque d'Embrun.

Archives du Roi. Reg. Catena, chap. 80, fol. 160.

En 1298, Jacob Dueza, professeur de l'un et l'autre droit, était lieutenant du roi Charles II en Provence (1).

Je crois, sans toutefois pouvoir l'affirmer, que la médecine était enseignée à cette époque dans la ville d'Aix. Professée ou non, on exigeait du moins de ceux qui l'exerçaient des preuves de capacité. Ainsi, par un règlement du 12 janvier 1296, Charles II avait défendu à ses sujets de Provence d'exercer la médecine et la chirurgie sans avoir au préalable fait preuve de savoir et en avoir obtenu la permission. Jean de Trets, qui était un savant mathématicien et le médecin du comte, fut l'instigateur de cette sage ordonnance (2). Cette décision ne resta pas sans effet, car je trouve aux archives de Marseille (Reg. B,

(1) Manuscrit 849 de la biblioth. Méjanes.
Lettres patentes pour le couvent des frères prêcheurs.
« Carolus secundus Dei gratia Rex Jerusalem, Siciliæ ducatus, Apuliæ ac principatus Cappuæ, Provinciæ et Forcalquierii comes, Universis præsens privilegium inspecturus tam præsentibus quam futuris.......
.... Actum Aquis, præsentibus venerabilibus in Christo patribus Sisteroensi, Avenioensi episcopis Henrico de Guerando familiaribus et religionis frater Raymundo Guilhelmi in theologia magistro et fratre Joanne Vigorosi ordinis predicatorum nostre priore conventus fratrum ejusdem ordinis loci sancti Maximini et pluribus aliis datum ibidem in absentia cancellaris regni nostri Siciliæ, per manus magistri Jacobi Dueza utriusque juris professoris charissimi nostri locum tenentis Anno Domini die 1a Junii 1298. »

Lettres de Charles II à Jacob Dueza, professeur en droit, et à Raymond Ruffi, viguier d'Aix, tous deux conseillers du Roi, leur ordonnant de procéder à la fixation des limites du territoire, objets de graves différends entre les communautés d'Arles et Tarascon d'une part et Bertrand de Baux, comte d'Avelin et les communautés des Baux, de Montaphou, de Castillon, de Mouriès, de Trinquetaille, de Villeneuve, et de Malmausanne d'autre part.
Arch. de Marseille, B. 1087.

(2) Le Roi faisait beaucoup de largesses à ses médecins : ainsi il donna en 1295 cinquante livres d'or coronat à Guilhaume de Saint-Domprin. (Archiv de Marseille, Reg. B. 1371).
En 1297, à Jean de Trets, une subvention de vingt onces d'or à l'occasion du voyage de sa femme (Reg. B. 1369).
En 1298, à Ottobon, un certain nombre de rentes et de cens (Reg. B. 1368).

2603) qu'un certain Antoine Giraud fut condamné en 1307 à Toulon pour avoir sans permission exercé la chirurgie.

C'est pendant le XIIIe siècle que le professorat fut constitué. Il fut créé autant pour l'intérêt de la corporation, dont la capacité recevait une espèce de sanction légale, que pour l'intérêt des écoliers. Le célibat fut imposé à tous les professeurs séculiers, réguliers ou laïques, ce qui impliquait un caractère semi-ecclésiastique de l'Université. Cette loi du célibat persista durant tout le Moyen-Age ; elle ne fut abrogée qu'en 1452 par et pour les médecins. Jusqu'alors le mariage était regardé comme incompatible avec l'étude des sciences ; une coutume absurde, qui ne pouvait concilier et Vénus et l'étude, privait de leur grade et de leur titre tous les maîtres qui n'avaient pas le courage de rester célibataires. Un médecin fut le premier, en 1447, à s'insurger courageusement contre cette loi injuste et immorale. Il se maria et voulut conserver son titre de régent. Après nombreuses discussions et délibérations, la question fut résolue en sa faveur ; mais par respect pour les anciennes coutumes, on ne lui accorda que le titre de régent honoraire. Ce fut la première atteinte portée à cet usage que les préjugés faisaient regarder comme inviolable. Les docteurs régents *in utroque jure* ne bénéficièrent de cette sage abrogation que 150 ans plus tard. Quant aux *artistes*, *artiens* ou *maîtres ès-arts*, ils restèrent soumis à toutes les rigueurs de la loi jusqu'aux temps modernes.

Durant tout ce XIIIe siècle, la théologie ne s'était pas contentée de régler les cérémonies du culte public et tous les détails de la discipline ecclésiastique ; elle était sortie du sanctuaire et devenant législatrice elle avait fondé le droit canonique.

L'affluence des affaires aux tribunaux religieux fit bientôt déserter par les clercs les services des paroisses pour la profession lucrative d'avocat. Après s'être exercés devant les juges de l'évêché ou les officiaux, ils allaient plaider les appels à la cour pontificale ou suivre les procès engendrés tous les jours par les annates, les expectatives, les réserves, et autres matières bénéficiales inventées par la détresse du trésor apostolique.

Comme on recommandait au pape un jeune homme, qui

étudiait la théologie à Paris, « *Quelle sottise*, dit-il, *de lui faire perdre ainsi son temps ! les théologiens sont tous des rêveurs (phantastici).* » (1) C'était le mot des canonistes d'Avignon contre les théologiens de Paris.

En France, Etienne de Tournay, Renaud de Saint-Gilles et Almanevus de Grisinhac, qui devint archevêque d'Aix, étaient avec Guillaume Durant les canonistes les plus connus au commencement de ce siècle.

Après la théologie, qui gardait encore la prééminence comme science de l'orthodoxie chrétienne, venaient dans les écoles ces connaissances simplement humaines dont les derniers âges de l'antiquité latine avaient légué aux siècles suivants les principales divisions. L'ancien domaine des sept arts, *trivium et quadrivium*, que la théologie avait bien voulu laisser aux études, était toujours très restreint. Cependant, vers la fin de ce siècle, les légistes prirent le pas sur les théologiens.

Au commencement du XIVe, l'enseignement du droit à Aix fut successivement fait par Alquier Canola, Pierre Boyer et le juge-mage Jean Cabassol, qui, en 1303 assistèrent comme témoins à la déclaration que fit Béatrix, fille de Charles II, portant qu'elle ne voulait pas être religieuse (2). Nous trouvons encore dans plusieurs actes de ce temps-là Durand Giraudi, l'un des syndics de la ville, Isnard d'Isnard, et Bérenger Thibaut, reçus docteurs en droit, titre fort en honneur alors et qualifiés avocats du conseil (3). Mais le plus illustre de tous ceux de cette époque fut sans contredit le successeur du juge-mage Jean Cabassol, *Pierre de Ferrare « Petrus Ferrariis »* (4), qu'il ne faut pas confondre avec Jean *Ferrerius* ou Ferrier, qui fut lui aussi docteur ez-lois et archevêque d'Arles, mais en 1500.

Pierre de Ferrare fut professeur de droit en notre univer-

(1) Chronique du religieux de Saint-Denis, liv. xi, c. 9.
(2) Papon. Hist. génér. de Provence, T. iii, aux preuves, p. 47.
(3) Archives de la ville d'Aix.
(4) Archives de Marseille, Reg. B, 1372.

sité; il devint un jurisconsulte si éminent que le comte Charles II en fit son chancelier et le gardien de sa bague, *summus
annuli regii custos*, autrement dit *garde des sceaux*. Quelques années plus tard, il le promut à l'Archevêché d'Arles.

Le 13 mars 1296, une convention régla les conditions de la
dot de Béatrix, en raison de son mariage avec le dauphin du
Viennois (1). On remarque parmi les témoins de cet acte Pierre
de Ferrare, qualifié doyen de l'église du Puy et chancelier du
royaume de Sicile. C'est avec cette double qualification que le
1er mai 1298, en l'absence du protonotaire de ce royaume, il
signe également une donation du même Charles II faite à
l'église Saint-Barthélemy d'Aix.

En 1302, le comte en lui donnant pour compagnon Barthé-
lemy de Capoue, son logothète, l'envoya demander à Boniface VIII la confirmation de la paix conclue avec son compé-
titeur Frédéric, roi de l'île de Trinacrie. C'est à cette occasion
que Pierre de Ferrare fut nommé chancelier du roi.

Le 23 août 1303, ce prélat passa de l'évêché de Noyon à
l'archevêché d'Arles. L'acte d'élection dit que le nouvel élu
était un personnage prudent, discret, savant, recommandable
par ses mœurs et ses vertus, très versé dans les affaires spiri-
tuelles et temporelles, et qu'il fut nommé en plein chapitre par
la voie du scrutin à l'unanimité des suffrages.

Charles II, l'appréciant de plus en plus, le maintint dans sa
charge de chancelier et lui confia les fonctions les plus impor-
tantes. En 1305, il le nomma son vicaire général pour gouver-
ner le roïaume de Naples durant son absence ou celle de son
fils Robert, duc de Calabre (2).

En 1306, il le chargea de dresser des statuts pour régler et
réformer en certains points l'administration de la justice dans
les comtés de Provence et de Forcalquier. C'est dans ce travail
que le professeur d'Aix mit à profit ses vastes connaissances
de jurisconsulte (3).

(1) Béatrix, dernière fille de Charles II, épousa 1o le duc de Ferrare,
— 2o Bertrand des Baux, — 3o le dauphin de Viennois.

(2) Papon, Hist. de Provence, T. III.

(3) Ces statuts sont imprimés dans l'*Essai sur l'histoire du droit*

Deux ans plus tard, Robert lui confia le soin d'ajouter quelques dispositions à un règlement qui concernait les actes des notaires et les créances des usuriers. Enfin en 1308, on lui donna pleins pouvoirs pour terminer les différends qui s'étaient élevés entre la cour de Naples et la république de Gênes.

Quant aux constitutions qu'il a rédigées, elles se recommandent par un style généralement clair, correct et peu chargé des formes barbares qu'affectait la latinité judiciaire. Mais outre les expressions techniques qui appartenaient à sa profession et qu'il ne pouvait éviter, il est obligé d'emprunter à la langue vulgaire de Provence, en les latinisant, certains mots qui se rapportent à des usages du pays. Ces usages pour la plupart se sont perpétués jusqu'à nous et le provençal a conservé les mots qui du temps de Pierre de Ferrare servaient à les désigner.

Pierre de Ferrare mourut en 1308, laissant une réputation de prélat éminent, d'homme d'État habile et de savant jurisconsulte. Nous trouvons la preuve authentique de son professorat dans la *Pratique judiciaire* de Jacques de Beauvezet (de Beauvoir), mieux connu sous le nom de *Bellevue* (*de bellovisu*, ou encore de *Belviso*), le futur maître de Barthole à Pérouse. L'auteur, dans sa dédicace à Pierre de Ferrare, déclare qu'il a reçu des mains de ce savant prélat le bonnet de docteur dans l'Université d'Aix et en présence du roi « *qui me doctoratus honore in aula regia civitatis aquensis, ipsiusque præsentia decoravit.* C'était, selon M. de Savigny, en 1297. De Bellevue ajoute qu'il a composé sa *Pratique judiciaire* à la prière de son Révérend Père et seigneur, Pierre de Ferrare, excellent professeur dans l'un et l'autre droit.

A cette époque dans l'*Étude général* d'Aix, des maîtres en théologie et des docteurs ès-lois y enseignaient à des jours et heures fixes le droit canonique et le droit civil (1).

De Bellevue s'acquit une grande réputation comme juris-

français au Moyen-Age, d'après un manuscrit du XIVᵉ siècle, par Ch. Giraud de l'Institut.—On les trouve manuscrits aux archives de Marseille Reg. B. 1372, et Reg. B. 147.

(1) Histoire littéraire, T. XXV.

consulte par d'autres traités sur les matières féodales (1) et par diverses lois qui furent adoptées par le Prince.

Dans son traité *de Ratione studendi in utroque jure*, il vante le jurisconsulte Guilhaume Durant dont nous avons précédemment parlé.

D'après certains auteurs, Puncival et Forsterus (2), par exemple, Jacques de Bellevue serait originaire de Bologne, mais ils ne parlent de lui qu'en passant ; tandis que Boniface de Seguiran, qui a fait réimprimer la *Pratique judiciaire* deux cents ans après, et qui a été plus curieux de connaître son origine, le fait naître en Provence. il dit même que cet ouvrage était devenu si rare de son temps qu'à peine en trouvait-on un ou deux exemplaires. Ces faits seraient-ils uniques qu'ils seraient suffisants pour témoigner de l'ancienneté des études de droit et de l'Université d'Aix.

Ce furent aussi, à cette même époque, les profondes connaissances sur les matières de droit qui valurent à Bérenger Fredoli, chanoine de Saint-Sauveur, un chapeau de Cardinal, que le pape Clément V lui donna la 1re année de son pontificat 1305 (3).

(1) Publications de Jacques de Bellevue.
De usu feudorum, imprimé à Venise et à Cologne. Bergomensis fait mention de ce traité en ces termes (liv. 13. p. 319) : « *Jacobus de Bellovisu peritissimus juris utriusque interpres et ipsa hac ætate claruit; et inter cætera ad novellarum et authenticorum libros, multa eleganter et docte edidit sed et super feudis optime scripsit atque multas disputationes scripsit mandavit,* ·
— *In novell. Justiniani const. aliasque legum portes comment*
— *De Excommunicatione.*
—. *Disputationes variæ.* Il les avait proposées à Pérouse où il professait en 1314.
— *De foro compelen. C. Rom. et contrahentes.*
— *Praxis judicaria in criminalibus.* Imprimé à Cologne en 1580. C'est l'ouvrage principal de l'auteur. Il y fait mention de sa naissance et de son doctorat.
— *De ratione studendi in utroque jure.*
(2) Forsterus. Histoire du droit.
(3) De Haitze, T. I, liv. 4.

Mais il y a eu bien d'autres lauréandes doctorales sous le règne de Charles II et de ses successeurs. Seguiran cite parmi les anciens docteurs qui ont professé le droit dans notre ville après Pierre Ferrare et Jacques de Bellevue, les Gauffridi, de Salviaco, Brici, Maymier, Raynaud, de Guiramand, Garin, Delanda, de Podio, qui devint archevêque d'Aix, comme de Pupio, qui fut un grand jurisconsulte, et Puget, un des aïeux de celui qui eut la tête tranchée pour avoir livré à Charles - Quint la ville d'Aix dont il était assesseur, premier procureur du pays et professeur en droit tout à la fois (1).

Charles II avant de mourir avait institué son troisième fils, Robert, héritier universel du royaume de Naples et du comté de Provence. Des deux fils aînés, le plus âgé était Charles Martel, roi de Hongrie, et le cadet Louis était évêque de Toulouse ; sa sainteté le rendit célèbre.

Robert fit comme ses aïeux, il ne résida pas longtemps en Provence, car, après le siège de Gênes il alla régner dix ans à Naples, — singulière destinée de ce pays de Provence que d'être toujours rattaché à des seigneuries étrangères. Les comtes catalans avaient été élevés dans les idées et les mœurs provençales, mais les angevins avaient employé toutes les ressources de cette province à leurs folles conquêtes en Italie, et enivré la noblesse du païs de cet esprit d'aventure et de croisade napolitaine qui dépeupla et appauvrit notre région. Cependant durant son court séjour à Aix, le roi Robert se fit remarquer par la haute protection qu'il accorda aux savants. Il fit bâtir dans son jardin, *Floregium*, là où on installa plus tard le collège, un magnifique logement qui servait de retraite à tous les beaux esprits de la province, et sur la porte il fit graver cette inscription :

DEO ET MUSIS

Là on discutait sur la philosophie, la morale, la médecine, la politique, les beaux arts, les mathématiques, l'histoire, les.

(1) Correspondance manuscrite de Saurin et Decormis. Bibl. Méjanes.

choses de la guerre et l'éloquence ; les poètes y étaient aussi admis. La plupart des habitués de ce jardin avaient composé des traités sur ces matières ; les plus illustres étaient Eucher de Vicinis, Bernard de Jocis, Guillaume Pingon, Raymond Goffridus prieur de la Celle, Emmanuel des Baux, Lucien Lascaris, Bertrand Amic, Astarus de Cormis, Geoffroy de Luc, Rostang de Coreis, Raymond de Brignoles, Lucas Rodellatius, Bernard Rascas, Pierre Boniface, Guillaume Boer. Outre ceux-là il y en avait encore d'autres qui s'étaient fait une brillante réputation : Bertrand Allamanon, Bertrand de Bornes, Bertrand Puget, Feraud, Rostang d'Entrecasteaux, Olivier de Lorges, Dedon, Astroncel, Pierre de Soliers, Jean de Lauris, Demandols (1).

Le roi Robert favorisa puissamment le développement des études en se faisant le royal Mécène des savants. Pétrarque rapporte de lui qu'il avait coutume de dire que les lettres lui étaient plus douces et plus chères que ses Etats. Il était, en effet, plus fier de son savoir que de ses domaines, et regardait comme son plus beau titre celui du plus docte des rois depuis Salomon. Il protégea beaucoup les hommes de lettres en Provence et en Italie, mais sa puissance ne fut pas assez forte pour sauver du bûcher le malheureux poète Cecco d'Ascoli, brûlé vif à Florence en 1327 pour ses folies astrologiques. Le poète abandonné alors à des juges impitoyables, avait cependant fait de Robert l'éloge qui devait le plus le toucher en promettant à son fils, le duc de Calabre, une destinée digne d'un tel père :

Ciò bene sarà, secondo il mio sentire
Se 'l nato dell' excelso re Ruberto
Che a gentilezza molto l'hom sprona... etc. (2)

(1) Ms. 536 de la bibl. d'Aix. Dionisii Faucherii monachi Lerinensis et civis Arelatensis Annales Provinciæ p. 56.

(2) L'Acerba, t. III, capitol. 4.

Mais cet horoscope ne se réalisa pas. Les deux enfants de Robert étant morts avant lui, le trône passa aux mains de sa petite-fille Jeanne (1).

Le roi Robert était, au dire de Pétrarque, très versé en la sainte Ecriture, excellent philosophe, habile mathématicien, très bon médecin et grand orateur. Il alla jusqu'à prêcher dans la chapelle du palais pontifical d'Avignon.

Il mourut à Naples le 19 janvier 1343, très regretté de ses sujets dont il avait cherché à faire le bonheur et des gens de lettres qu'il avait tant protégés. Cependant, malgré son goût pour la littérature, il s'était un moment éloigné des poètes; mais il était réservé au divin Pétrarque de le réconcilier avec les Muses. L'amant de Laure changea le goût du roi et l'enchanta au point que le Prince voulut absolument qu'il ceignit son front du lierre poétique dans la ville de Naples.

Sur son tombeau, à Naples, on écrivit une épitaphe qui dit beaucoup en peu de mots :

Aspice Robertum multa virtute refertum (2)

Nous trouvons sous son règne une foule d'hommes considérables par leur savoir ou par leur position.

Robert avait appelé auprès de lui comme physicien, c'est-à-dire médecin, Blanc ou Blanchi qui jouissait d'une très grande réputation (3). Auparavant il avait Silvaticus.

Au nombre des jurisconsultes, nous pouvons citer : Pierre Antilobus qui écrivit dans ce siècle. Il était natif du Canet et faisait sa résidence ordinaire à Draguignan, comme il le témoigne lui-même dans son traité *de Numeribus* (4).

(1) Robert eut deux fils de sa femme Violente, fille du roi d'Aragon : Louis et Charles. Louis mourut à Naples le 12 août 1310. — Charles, duc de Calabre, se maria deux fois : 1° avec Catherine, fille d'Albert, duc d'Autriche ; 2° avec Marie de Valois dont il eut trois filles : Jeanne, Marie et Marguerite. Il mourut à Florence. (Ms. n° 546 de la bibliothèque Méjanes).

(2) Ms. de la bibliothèque Méjanes n° 546.

(3) Achard. *Dict. des hommes illust. de la Provence*. Disc. prélim.

(4) Nostradamus. *Hist. de Provence*, 3ᵉ part, p. 336.

En 1305 Jean de Crote fut un jurisconsulte de mérite. Il parvint au sénéchalat.

Parmi les professeurs de droit de l'Université d'Aix, nous trouvons en 1306 Jean Cabassol *miles et juris professor*. Il fut chargé de transmettre aux juges et viguiers de Provence les statuts de Pierre Ferrare. C'était un jurisconsulte distingué. Il professait le droit civil, et son nom, déjà illustré par sa famille, se retrouve dans plusieurs actes des années 1307, 1309, 1321, 1329, 1333 mentionnés par Baluze (1). Il avait en outre le titre de maître des comptes de la cour du Roi : *Magnus* ou *magnæ curiæ magister rationalis*. Tous ses titres se trouvent dans les lettres qu'il adressait aux juges de Provence (2). « Jean Cabassole, dit Nostradamus page 336, était en grand honneur et prix tant parce que c'était un personnage très bien mérité des bonnes lettres et jurisconsulte excellent et docte, que par la noblesse de sa famille, laquelle fut plantée par lui en divers endroits de la province. »

Les principaux jurisconsultes, ses contemporains ou successeurs furent : Léonard Cassin, professeur en droit civil, procureur et avocat du roi en provence. Il fit en 1316 coordonner et enregistrer les cens dus au roi dans la ville de Moustiers (3).

(1) Baluze. T. i, col. 1023. — T. ii, col. 96 et 435.

(2) Declaratio statutorum regiorum et modificatio eorum super officio notariorum et creditorum præsertim usurariorum non restituentium debitoribus instrumenta.

Littera Domini Johannis Cabassole militis.

Johannis Cabassole miles, juris civilis professor, in comitatibus Provinciæ et Forcalquierii judex major, ac domini Senescali (Ricard de Gambatezza) eorumdem comitatum locum tenens, vicariis et judicibus Aquis, Draguiniani, Dignæ, Sistarici, Grassæ, comitatus Vintimilii Salutem et amorem sincerum.....

Datum Aquis, anno Domini 1306, die quinta junii, quarto indictionis.

(Giraud, *Histoire du Droit français au Moyen-Age*), t. ii, p. 6).

En 1307, étant juge de la cour d'Aix, Jean Cabassole condamna Raymond Fabri à 2 sols d'amende pour avoir porté un couteau plus long que ne le permettaient les statuts.

(Archives de Marseille, Reg. B. 1624).

(3) Arch. de Marseille, Reg. B. 818.

Jean Porcelli 1321, — Nicolas Orticelli 1323, qui fut professeur en droit civil et ecclésiastique (1).

Jean de Juvanaro, 1336, professeur en droit, juge-mage et des secondes appellations. Il fut présent avec le grand sénéchal Philipe Sanguinete à l'hommage prêté pour la place de Saint-Martin de Noigaret par noble Isoard Isoardi dudit lieu, — notaire Nicolas de Stila, napolitain (2).

Boniface de Fare 1437. — François de Barbe 1337, chevalier, juge-mage de Provence, ci-devant professeur en droit à l'Université de Pise, puis à celle d'Aix. Il fit passer en 1337 une transaction entre les nobles de Brignoles et les autres habitants de cette ville ; et il fut présent lorsque les habitants de Marseille prêtèrent serment de fidélité à la reine Jeanne en 1343.

Jean de Barbe, 1339, — Guillaume de Barule et Guillaume d'Esparron 1343.

En 1345 Pierre de Cava et François de Grossis étaient professeurs de droit civil (3).

Guillaume Henrici reçut de la reine Jeanne, vers 1345, les provisions de juge-mage. C'était un savant jurisconsulte, issu d'une ancienne famille originaire du Vivarais. Ce magistrat, homme d'un grand mérite, était l'ami et le conseil de sainte Delphine, qui avait en lui la plus grande confiance. Il déposa devant la commission d'enquête pour la canonisation de la sainte veuve.

Jean de Vice-Dominis était un célèbre jurisconsulte d'Arice et comte palatin. Étant juge-mage de Provence, il fut député en 1354 par la reine Jeanne pour recevoir conjointement avec l'évêque de Gap, et Fouquet d'Agoult, grand sénéchal de Provence, l'empereur Charles IV, lorsqu'il passa par Aix pour se rendre à Milan. Ils lui prêtèrent au nom de la

---

(1) Arch. de Marseille, Reg. B. 818. — 1323, Reconnaissances de la ville de Sisteron et de son bailliage faites par devant Nicolas Orticelli de Naples, professeur en droit civil et ecclésiastique, enquêteur royal en cette affaire.

(2) Mémoire de M. de Peir...

(3) Arch. de Mars. Reg. ....6.

reine un certain hommage dont les formes avaient été prescri-
tes. Jeanne, instruite de l'hommage prêté mal à propos à
l'Empereur, chargea Taraudet de Flassans, fameux poète, de
faire à ce sujet une remontrance latine à l'Empereur, pour lui
être présentée avant son départ de Provence.

Cette famille établie à Florence avait donné à l'église d'Aix
un archevêque, qui devint cardinal et même pape après la
mort d'Adrien V ; mais il mourut quelques jours après son élévation, sans avoir été intronisé.

1356, Nicolas Spinelli, docteur en droit, sénéchal des comtés de Provence.

1361, Louis Marquesan de Salernes, docteur ès droits,
était maître rational et juge mage de Provence. Il fut aussi
professeur de droit civil.

1368, Giraudin, juge mage. Il condamna l'archevêque
d'Aix, Guillaume de la Garde, comme criminel de lèse-majesté
pour avoir livré la ville d'Arles à Louis, duc d'Anjou.

1374, Jean Siméonis, habile jurisconsulte et vaillant sol-
dat. Originaire de Saint-Paul de Vence, il fut fait juge mage
de Provence en récompense des services qu'il avait rendus à
la province en dissipant les Teuchins, troupe de brigands qui
l'infestaient en 1373 et 1374.

En 1377, Léonard de Afflicto de Scalis, maître rational, était
professeur de droit civil à l'Université d'Aix comme le prouve
ce document (1) : « Scire vos facimus quod Leonardo de
Afflicto de Scalis, juris civilis professori, magnæ nostræ curiæ
magistro rationali, consiliario et fideli nostro dilecto litteras
nostras..... etc. »

1385, Raymond Bernard Flamenchi, ou Flamens, chevalier
et professeur ès-lois, *miles et legum professor*, maître rational
et juge mage de Provence. Il fut présent à la convention passée
entre la reine Marie de Blois et les habitants d'Arles (2).

C'était la mode alors et l'occupation de la noblesse, qui
n'avait pas suivi la carrière des armes, de suivre celle du pro-

(1) Arch. de Marseille, B. 5, fo 150.
(2) Biblioth. Méjanes. Ms. de la collection Roux-Alpheran, t. 8.

fessorat, parce que la qualité et la fonction de professeur en lois
menait les jeunes gens studieux aux charges de la magistrature ;
ils devenaient juges des premières et des secondes appellations,
ou juges mages, chanceliers des comtes de Provence. La simple
régence pendant vingt ans leur faisait obtenir la première
comtesse : comitivam primi ordinis.

Les enfants de Robert étant morts avant lui, sa petite-fille
Jeanne, à peine âgée de dix-sept ans, fut couronnée reine de
Naples et comtesse de Provence. Elle arrivait au trône sous les
apparences les plus flatteuses : elle était belle, spirituelle et
bienfaisante. Mais ses mœurs dissolues et l'amour du plaisir lui
firent négliger les affaires de l'État. Cette comtesse ne vit jamais la Provence qu'en passant et pour lever des hommes et
de l'argent : ce qui fit que les cités municipales se constituèrent presque toutes en république. Etrange histoire que celle
des comtes angevins ! Le pays où ils vivent le moins souvent
et qu'ils visitent à peine, c'est la Provence ; en revanche c'est
celui qu'ils exploitent le plus en hommes et en argent. Leur
désir, leur folie, c'est de régner à Naples ; ce qu'ils convoitent
avec le plus d'ardeur, c'est le titre fantastique de roi de Jérusalem et de Sicile, et c'est toujours la Provence qui fait les
frais de ces entreprises insensées.

Douée d'une énergie incomparable, la reine Jeanne eut des
passions effrénées ; aussi durant tout son règne fut-elle en
proie aux agitations les plus violentes. D'un autre côté, le
schisme d'Occident, qui commença à cette époque, contribua
beaucoup à l'affaiblissement de la Provence. A ce sujet, rap-
pelons que la comtesse Jeanne vendit pour 80,000 florins
Avignon au pape Clément VI, qui l'avait déclarée innocente
de la mort de son mari André et qui avait aussi confirmé son
mariage avec Louis, second fils de Philippe, frère de Robert,
son grand-père.

Les consuls d'Aix et les Etats de la province, frappés de ces
dilapidations, firent jurer à Jeanne, par un acte public du
19 février 1347, qu'elle n'aliénerait jamais plus aucune parcelle du comté de Provence (1).

(1) Noël Gailhard, p. 66.

L'administration de cette reine fut déplorable. Cependant elle attira auprès d'elle des gens de lettres parmi lesquels il faut citer Boccace, qui, pour complaire à sa maîtresse Fiammetta, fille naturelle du roi Robert, et à la reine, composa le fameux *Décaméron*, ouvrage qui l'a placé à la tête des prosateurs italiens et qui a immortalisé son nom. Quelques auteurs, Denys Faucher entr'autres, prétendent qu'il avait fait son droit à Aix du temps du roi Robert (1).

Par lettres patentes, Jeanne confirma sous forme de donation viagère à Jean de Tabie, jurisconsulte d'Aix, une pension viagère accordée à ses ancêtres par Charles II, et la fixa à la somme annuelle de 25 livres de petits tournois valant 34 livres et 9 sols de petits provençaux, dont les dix deniers égalaient un blanc. (2)

C'est apparemment par les ordres de la Comtesse que le savant jurisconsulte *Jean II Piscis* ou *Peissoni*, d'abord évêque de Digne, puis transféré en 1361 à l'archevêché d'Aix (3), fut chargé de rédiger en corps les lois particulières ou coûtumes de la province. Le fruit de cet énorme travail parut sous le nom de *Statuts de Provence*, ce qui valut à son auteur le titre de *Tribonien* de la reine Jeanne. Ces mêmes statuts ont fait plus tard la réputation de trois jurisconsultes provençaux : Louis Masse, Jacques Mourgues et Jullien.

Sous ce règne mourut à Aix un gentilhomme dont l'existence consacrée à l'enseignement du droit nous prouve encore une fois de plus l'ancienneté des écoles de droit dans cette ville.

(1) Ms. 536 de la bibl. d'Aix. Dionisii Faucherii monachi Lerinensis et civis Arelatensis annales Provinciæ. — Page 66. Roberto regnante clari fuerunt doctrina et poetices Petrarcha et Boccacius., florentini. etc.

(2) Arch. de Marseille Reg. B. 1596. Suit la quittance de Jean Tabie. (Même registre). Quittance donnée par Jean de Tabie de 20 florins d'or, équivalant à 25 livres coronat.
Voir aussi reg. B. 3, 1re pièce.

(3) Jean Piscis avait auparavant passé par divers bénéfices et par la charge de chapelain commensal du palais apostolique (De Haitze. *Histoire d'Aix*, t. 1, p. 342).

L'épitaphe de son tombeau, qui se trouvait dans l'église Saint-Jean de Malte (1re chapelle à gauche), disait :

HIC JACET EGREGIUS VIR DOMINUS FRANCISCUS DE GROSSIS DE AQUIS, MILES, JURIS CIVILIS PROFESSOR, QUI MIGRAVIT DIE 19 MAII, 15ᵃ INDICTIONIS, ANNO DOMINI 1347, CUJUS ANIMA IN PACE BEATITUDINIS REQUIESCAT, AMEN.

Comme le fait remarquer très judicieusement de Haitze (1), cette inscription tumulaire nous apprend par les titres de *miles, juris civilis professor*, que la qualité de professeur en droit était alors dans une haute estime, puisque les gentils-hommes, qui étaient les chevaliers *milites*, se vouaient à l'enseignement et qu'ils s'en trouvaient très honorés.

Malgré les troubles qui éclatèrent sous la reine Jeanne, en 1368, les Augustins, en exécution d'un décret du grand chapitre de leur ordre, tenu à Avignon en cette année, établirent un Étude général dans leur couvent d'Aix. C'était un collège pour ceux qui voulaient entrer dans cet ordre monastique. Déjà, en 1350, pareille institution avait été faite au prieuré de Saint-Jean de Malte pour l'éducation des jeunes clercs, et plus de cent ans après, en 1462, par une convention passée entre Mathieu Honorat, prieur de ce couvent, et le recteur de l'Université, le prieur fut maintenu dans le droit de nommer seul les régents (2).

La reine Jeanne, qui n'avait point d'héritier direct, dut chercher un appui au dehors et elle adopta, le 29 juin 1380, pour son successeur, Louis, comte d'Anjou, troisième fils du roi Jean et frère de Charles V. Les dispositions testamentaires de cette reine, qui fut mise à mort le 12 mai 1382, constituèrent le droit de la maison de France sur le royaume de Naples et furent l'origine des longues guerres d'Italie qui ne finirent qu'avec François Ier.

(1) De Haitze, *Histoire d'Aix*, t. i, p. 325.
(2) Abbé Maurin, *Notice sur Saint-Jean-de-Malte d'Aix*.

Ce fut vers la fin du règne de la reine Jeanne et sous le pontificat de Grégoire XI que cessèrent les *cours d'amour*, qui au rapport de Nostradamus avaient commencé en 1162. Après la mort de cette reine, les souverains de Provence étant sans cesse occupés en Italie, il n'y eut plus de Mécènes pour protéger les Muses, et les troubadours qui faisaient les délices des cours de l'Europe, disparurent complètement. Le roi René tentera bien, plus tard, de faire revivre ces tribunaux poétiques, mais ses efforts resteront infructueux (1).

Louis Ier accepta l'héritage de Jeanne avec empressement et vint recevoir l'investiture des mains du Pape à Avignon. Il ne fit que traverser la Provence où il recueillit quelques milliers de florins d'or et marcha à la conquête du royaume de Naples dans le dessein de venger la mort de la reine Jeanne, mais il mourut lui-même, le 20 septembre 1384, avant d'avoir vu cette ville. Il ne laissa qu'un fils, encore enfant, dont la mère Marie de Blois prit la tutelle, sous le nom de Marie, reine régente de Naples et comtesse de Provence.

A son tour et comme ses prédécesseurs, elle voulut, elle aussi, conquérir ce fameux royaume. La chevalerie provençale combattit vaillamment à ses côtés; rude et longue expédition suivie de peu de succès. Après cette guerre désastreuse pour notre pays, Marie de Blois maria son fils Louis II à Yolande, fille de Jaimes Ier, roi d'Aragon et de Sicile.

La reine mère fit condamner Raymond de Turenne, comme convaincu de félonie, rébellion et barbarie. Nous voyons parmi les témoins présents à cette condamnation en 1394, Olivier Duranti, docteur ès-droits, jurisconsulte d'Aix.

A ce moment la Provence se trouvait dans une situation des plus lamentables. Une peste terrible ravageait avec des symptômes effrayants les villes et les campagnes. L'Italie subit elle-même une rude atteinte de la contagion, à cette époque où Boccace dictait son *Décaméron* aux jeunes femmes de Flo-

(1) Galaup de Chasteuil. Arcs de triomphe.

rence, les mains pleines de fleurs, couronnées d'épis et de bleuets dans les villas des bords de l'Arno.

Durant ce XIVᵉ siècle, et sous le gouvernement de tous ces princes, les lettres et les sciences n'avaient donc pas été négligées en Provence. Les progrès de l'instruction y avaient même été comparativement plus grands que dans la France proprement dite, qui ne commença à se montrer avec quelque supériorité que sous le règne de François Iᵉʳ.

Il reste donc acquis à l'histoire que ni le comte Louis II, ni le pape Alexandre V ne furent pas les véritables fondateurs de l'Université d'Aix, comme tous les annalistes se sont complu à le répéter. Ils en furent seulement les restaurateurs en la réorganisant et la mettant sur le même pied que celles de Paris et de Toulouse ; les statuts le confirment littéralement.

Le mouvement intellectuel des XIIIᵉ et XIVᵉ siècles en France et en Europe se résume dans la création de divers centres d'enseignement.

Nous avons déjà parlé de la fondation de l'Université de Paris qui date de 1200.

L'Université de Toulouse fut créée par Saint Louis dans le but d'opposer une digue aux débordements de l'hérésie des Albigeois. Elle fut établie en exécution du traité de paix de 1228 par lequel Raymond VII s'engage à fournir 4000 marcs d'argent pour payer les gages des professeurs de faculté de théologie, de droit et des arts., celle de médecine n'y a été établie que vers l'an 1600 (1).

En 1324, Clémence Isaure fonda dans cette ville l'Académie des jeux floraux.

L'Université de Montpellier fut érigée par le pape Nicolas IV, le premier de l'ordre de Saint François qui ait été élevé au souverain pontificat. La bulle d'érection est du 26 octobre 1329. Il y avait bien des écoles, mais on les transforma en Etude général avec pouvoir de conférer les degrés de maître ou docteur dans l'un ou l'autre droit, ainsi qu'en médecine et ès-arts. La médecine avait commencé à y être enseignée sous Guilhaume, seigneur de Montpellier. Sous le nom de physi-

---

(1) Basville, *Mémoire pour servir à l'histoire du Languedoc*, p. 65.

que, elle était professée par des médecins arabes ou sarrazins. La bulle d'érection confirma son établissement. Contrairement à toutes les autres Universités, la faculté de théologie n'y fut établie qu'en 1422 par le pape Martin V (1).

Le premier qui vint y professer le droit fut l'italien Placentin. Il y mourut en 1192 comme le prouve l'épitaphe de son tombeau, qui était dans l'église Saint-Barthélemy :

PETRA PLACENTINI CORPUS TENET HIC TUMULATUM
SED PETRA QUÆ CHRISTU' EST ANIMUM TENET IN PARADISO.
IN FESTO EULALIÆ VIR NOBIS TOLLITUR ISTE
ANNO MILLESIMO DUCENTENO MINUS OCTO (2).

C'était donc bien avant l'érection de l'Université.

Pétrarque, après avoir étudié de 9 à 13 ans à Avignon et Carpentras, vint étudier le droit à Montpellier pendant quatre ans. Il est dit dans l'épitre liminaire de ses œuvres : *Inde ad montem pessulanum legum ad studium profectus, quadriennium ibi alterum inde Bononiam et ibi triennium expendi et totum juris civilis corpus audivi* (3).

En 1303 le comte de Provence Charles II fonda l'Université d'Avignon. Peu de temps après elle fut soumise à l'administration papale. Elle n'eut cependant de chaire de théologie qu'en 1414. La faculté de droit y tenait le premier rang et c'est dans son sein qu'on prenait le recteur. Alciat et Cujas y ont professé. C'est l'Université du territoire français qui est demeurée le plus longtemps étrangère à la France.

Louis XIV, dans ses lettres patentes d'avril 1698 en faveur des suppôts de l'Université d'Avignon, les déclare regnicoles : c'était un vœu et un pressentiment (4).

(1) Basville, loc. cit.
(2) Pasquier, *Recherches de la France*. Amsterdan 1723.
(3) Pasquier, loc. cit.
(4) Hist. littéraire, t. XXIV p. 240

L'Université d'Orléans date de 1306 : ses parrains furent Philippe le Bel et Clément V ; mais déjà depuis longtemps cette ville possédait un cours complet de droit civil. Guilhaume de Macon, évêque d'Amiens, témoigne en 1286 de cette ancienne réputation : « *Aurelianenses peritores in jure quam Parisienses et magis intelligentes* ». Les professeurs d'Orléans, pour acquérir ce renom avaient dû résister aux bulles d'Honorius III, qui interdisaient en France les chaires de droit romain. Leur supériorité valut à cette école de la part d'un pape moins sévère, Clément V, son ancien élève, le titre de *Studium generale*.

Cette école eut des professeurs renommés : Pierre de Belleperche, Guilhaume de Cunio, Roger le Fort dit Taillefer, archevêque de Bourges et les cardinaux Pierre Deschamps et Pierre Bertrandi. Elle a eu au nombre de ses étudiants Reuchlin, Pierre de l'Estoile, Théodore de Bèze, Anne Dubourg. C'est peut-être assez pour répondre aux épigrammes des glossateurs de Bologne contre ceux d'Orléans.

Jean XXII, en 1331, institua une Université à Cahors, sa ville natale.

Humbert, second dauphin du Viennois, ouvrit l'Université de Grenoble en 1339. Il n'y manqua que la théologie. Mais elle eut à lutter contre celle de Valence établie plus tard par Louis VI ; aussi furent-elles réunies en 1452 par ce monarque en une seule dont le siège fut dans cette dernière ville. On cite parmi les professeurs qui l'ont illustrée : Philippe Decius, Jean de Coras, Antoine Goüan, Jacques Cujas, François Automan, Jules Pacius et plusieurs autres dont les ouvrages sont connus et estimés (1).

Le Roussillon, devenu beaucoup plus tard province française, dut, en 1349, à Pierre IV, roi d'Aragon, l'Université de Perpignan pour la théologie, le droit et les sept arts; on y joignit ensuite la médecine. Cet établissement, qui ne fut jamais très prospère existait encore au dernier siècle.

Orange eut aussi son Université. Raymond IV de Baux, assistant au sacre de l'empereur d'Allemagne, Charles IV, qui

(1) Manuscrit de la bibliothèque Méjanes, n° 239.

était venu se faire couronner roi d'Arles, dans la métropole de Saint-Trophime, le 5 juin 1365, obtint de lui la transformation des écoles d'Orange en Université. « *Perpetuum atque gratiosum studii generalis privilegium; auctoritate imperiali damus et concedimus* (1) ». L'empereur plaça cette Université sous le patronage du prince d'Orange, défenseur futur et direct de ses privilèges. Le pape Urbain V lui octroya, un an après, la bulle de confirmation de ses franchises, immunités et privilèges. — Au début point de théologie, tout comme à Montpellier et à Grenoble.

Les statuts de l'Université d'Angers, à peu près les mêmes qu'à Orléans, furent promulgués par le roi Charles V. Cette ville, dès le siècle précédent, avait des cours de droit civil et quelques collèges fondés par les abbayes, mais ce ne fut que sous Charles VII que l'enseignement parvint à être complet.

Les écoles de Lyon, malgré la réunion prononcée en 1310, ne passent pas encore, au commencement du XVe siècle, pour des écoles françaises. Cette grande ville, façonnée à la domination épiscopale, qui y avait été longtemps souveraine, n'eut réellement point d'Université.

L'influence que la civilisation française a toujours exercée sur les pays étrangers, se retrouve avec toute sa puissance dans la progression incessante du mouvement intellectuel. La création des Universités se fait au-delà des frontières avec le même éclat et la même ardeur. Les peuples voisins en établissent chez eux sur le modèle de celle de Paris.

Un ancien étudiant de la rue du Fouarre, l'empereur Charles IV, devenu roi de Bohème par la mort de son père à Crécy, fonde en 1348 l'Université de Prague. De cette école sortirent les vengeurs de leur maître Jean Huss, brûlé vif par ordre du concile de Constance qui l'avait fait venir pour le réfuter.

L'Université de Vienne date de 1365. Urbain V envoie une

---

(1) Notice sur l'Université d'Orange 1878. — Savante brochure de feu notre ami et confrère le Dr Martial Millet.

bulle à Rodolphe Ier, qui ouvre un Etude général avec toutes facultés : *Studium generale in quolibet licita facultate*, et il ajoute *ad instar parisiensis studii*.

Heildeberg, après avoir tenté quelques efforts infructueux, finit par organiser un enseignement universitaire complet, grâce à l'initiative du comte Ruprecht Ier, qui lui accorda l'Université en 1386.

En 1388, Cologne obtient du pape Urbain VI une institution académique régulière « *Qualis Lutetiæ Parisiorum.* »

La dernière des Universistés allemandes qui aient été créées dans ce siècle, est celle d'Erfurt, qui commence en 1394 pour finir en 1816.

L'Italie déjà riche de ses Universités de Bologne, de Padoue, de Naples, d'Arezzo, se hâte d'y joindre celle de Terno en 1303, *ad instar studii Bonionensis*, dit son fondateur Boniface VIII, et quelques années après celle de Rome, dont les leçons sont à peu près interrompues durant tout ce siècle.

Celle de Pérouse en 1307 est l'œuvre du pape d'Avignon Clément V ; elle compte parmi ses professeurs Barthole et Baldus.

Les fondateurs de l'Université de Pise, en 1339, se passèrent du concours pontifical.

En 1348, les Toscans créèrent l'Université de Florence (1). On appela vainement à une de ses chaires Pétrarque exilé depuis sa naissance avec son père et tous les siens par les partis politiques.

L'Université de Sienne, fondée en 1357, tomba et se releva plusieurs fois.

Celle de Pavie, 1369, repeupla d'étudiants une cité depuis longtemps déserte.

(1) Peste de Florence en 1348. Hist. ecclés. t. xx, p. 87.
Les florentins envoyèrent à Avignon une députation et obtinrent du pape Clément VI une bulle en date du dernier mai 1349, par laquelle il accorda à leur ville le pouvoir de faire des docteurs en théologie et en toutes les facultés, avec les privilèges de Paris, Bologne et autres lieux.

L'Université de Lucques, 1369, ne put pas obtenir la permission de professer la théologie.

Celle de Ferrare, 1391, bornée d'abord à une existence de trois ans, fut rétablie près d'un siècle plus tard.

Celle de Plaisance, 1397, eut comme la précédente beaucoup de peine à se soutenir.

Il y eut encore d'autres essais mais plus restreints à Modène, à Ravenne, à Brescia, en Corse même.

De ces nombreuses écoles, Pise et Pavie sont celles qui ont répandu le plus d'éclat.

L'Angleterre créa des centres universitaires analogues à Oxford et à Cambridge.

L'Espagne en fonda à Valence, à Salamanque, à Coïmbre, à Lisbonne et à Valladolid.

Les universités en se multipliant amenèrent la décadence rapide des écoles épiscopales et de celles qu'entretenaient les ordres religieux. Malheureusement les longues guerres du XIVe siècle altérèrent la prospérité naissante de ces établissements d'instruction publique, dont la discipline se relâcha, ce qui fut la cause essentielle de la ruine de leurs études.

Néanmoins il est bon de constater que la création des Universités et des Parlements, qui eux aussi datent de ce siècle, annonce une transformation profonde de l'ancienne société, l'avènement du tiers-état. Dès que les rois eurent reconnu la puissance de ces nouvelles institutions, ils n'eurent garde de les dédaigner ; ils s'en déclarèrent au contraire les protecteurs nés. Les papes, de leur côté, qui au début en avaient été les plus zélés instigateurs, commencèrent bientôt à redouter leur influence et ne tardèrent pas à les combattre. Ils n'avaient pas tort : le pouvoir civil reprenait peu à peu les prérogatives qu'il avait perdues ; il opposait au pouvoir ecclésiastique une influence égale à la sienne. A côté des écoles épiscopales, il instituait des Universités ; à l'enseignement de la théologie et des Décrétales, il opposait le droit civil des Romains. Et dans cette lutte intellectuelle , c'est l'enseignement ecclésiastique qui sombrera.

Cependant les Universités garderont longtemps encore une teinte semi-ecclésiastique. Les évêques continueront à graduer les étudiants et conserveront leurs écoles grammaticales des paroisses. Ce qui a porté une rude atteinte au pouvoir ecclésiastique à cette époque, surtout en Provence, c'est le relâchement dans la discipline des clercs. Le pape Benoît XII dans sa lettre : « *de pravibus moribus clericorum ecclesiæ Narbonensis* » déplore la licence et la dépravation des membres du clergé de cette province.

Pour le dire en passant, c'est dans ce siècle qu'on a commencé à renoncer au latin scholastique des gens d'église et qu'on a commencé à écrire en français.

Durant ce siècle les Universités ont joui d'une grande influence, dont on retrouve la trace dans presque toutes les grandes questions politiques de l'époque. Les monarques étaient intéressés à soutenir ces agrégations d'hommes savants, qui les soutenaient contre une papauté naguère toute puissante, encore redoutable, et contre les prétentions du clergé.

Le Moyen-Age avait été l'œuvre et le domaine de l'Eglise; en s'éteignant, il éclaira un nouvel ordre social.

Arrivons au XVe siècle. L'Université d'Aix existait comme être moral et comme corps. Son principal enseignement avait toujours été la théologie. A côté d'elle on enseignait la logique et le droit civil, mais ces deux sciences étaient réléguées au second plan. La logique ne faisait que préparer à l'étude de la théologie ; quant au droit civil, cet ennemi résolu de la féodalité, il avait eu toutes les peines du monde à franchir les entraves qu'on avait semées sur son chemin. Le droit canonique avait pris un ascendant immense parce qu'il menait au profit, à la considération et à l'influence. L'étudiant laborieux, après avoir pris ses grades en droit canonique, parvenait à un bénéfice, à une cure, à un prieuré ou à un évêché. Aussi que voyait-on? ce que l'on a toujours vu, et ce que l'on verra toujours, la majorité se grouper du côté du plus fort. Mais à l'époque du grand schisme d'Occident les chose schangèrent de tournure. En 1378, après la double élection du pape Urbain VI à Rome et du pape Clément VII, qui établit sa résidence à Avignon, l'église romaine se sépara en deux obédiences : la France, l'Espagne, l'Ecosse et la Sicile reconnurent Clément VII, tandis que le reste de la chrétienté obéit à Urbain VI.

Malgré cette division intestine, qui dura soixante - onze ans (1), jamais les Universités ne furent tenues en si haute estime qu'en ce temps-là. Leur autorité avait donné le branle à tout ; on ne faisait rien sans les avoir consultées, sans avoir pris au préalable leurs avis doctrinaux. Cette réputation poussa les édiles d'Aix à faire mettre leurs écoles sur le pied des autres Universités de France. Ces écoles, tant en droit civil et canonique qu'en théologie, après avoir fleuri dans les premiers siècles de leur fondation, étaient tombées dans le discrédit le plus complet par le relâchement de la discipline. Leurs bancs étaient déserts ; le recrutement des professeurs était défectueux et n'amenait que des sujets la plupart du temps incapables; tant il est vrai que la discipline est le nerf de toute corporation.

Les syndics de la ville d'Aix résolurent donc de relever et de réformer le principal centre d'enseignement de la Provence. Ils s'adressèrent au roi Louis II, comte de Provence, afin que la chose eut plus de prestige, placée sous le patronage de l'autorité royale. Louis II accueillit très favorablement cette demande; elle flattait son amour propre et allait donner à son

(1) Liste des papes d'Avignon :

Clément V	1305	1314
Jean XXII	1316	1334
Benoît XII	1334	1342
Clément VI	1342	1352
Innocent VI	1352	1362
Urbain V	1362	1370
Grégoire XI	1370	1378
(Clément VII à Avignon		1393
(Urbain VI à Rome		1388
(Benoît XIII à Avignon		1394
(Grégoire XII à Rome		1409

règne un rayon de gloire de plus. Il conçut donc le projet d'établir l'Université sur des bases plus larges que celles qu'elle avait eues jusqu'alors et de la rendre semblable à celle de Paris et de Toulouse (1), en la dotant des mêmes libertés, immunités et privilèges dont jouissaient les fameuses Universités de France. Mais comme les Universités étaient des corps mixtes ecclésiastiques, la réforme ne pouvait pas s'opérer sans le consentement du souverain pontife. C'était Alexandre V qui occupait en ce moment la chaire de Saint-Pierre. Le concile tenu à Pise en 1409, pour tâcher d'en finir avec le grand schisme, en rétablissant l'unité pontificale et la paix religieuse, venait de déposer solennellement les deux papes Grégoire XII et Benoît XIII d'Avignon, et avait nommé à leur place Pierre Philargi, qui, étant docteur de Sorbonne, appartenait à l'Université de Paris, dont quelques membres se distinguèrent dans les discussions de ce concile.

La fortune de ce pape a quelque chose de surprenant. Né en Italie dans le village de Candia (2) d'une famille de basse condition, il passa son enfance à mendier dans la campagne. Ramassé par un religieux de l'ordre de Saint François, il resta quelque temps sous la tutelle de ce bon moine, qui, lui trouvant de l'esprit, eut soin de l'instruire et lui fit endosser l'habit de son ordre, dès que l'âge le lui permit. Pierre Philargi, après avoir acquis les premiers rudiments de la théologie, quitta son maître, parcourut l'Italie, l'Angleterre et vint à Paris. Là il suivit assidûment les cours de la Sorbonne, et y reçut le bonnet de docteur en théologie. La puissante protection du prince Visconti, duc de Milan, le fit nommer successivement évêque de Plaisance, de Vicence, de Novare, et enfin archevêque de Milan. Innocent VII le revêtit de la pourpre cardinalice. Au concile de Pise il eut l'occasion de faire briller tout son savoir, et fut promu au pontificat sous le nom d'Alexandre V.

(1) *Cum sit fundata ad instar Parisiensis et Tolosanæ*, disent les statuts.

(2) Plusieurs historiens, confondant ce nom avec l'île de Candie, ont prétendu qu'il était grec.

Mais dans ces hautes fonctions il ne tarda pas à perdre tout
son prestige. Il s'aliéna bien vite l'esprit de ses anciens collègues en publiant des bulles qui faisaient revivre les vieilles querelles entre les religieux réguliers et les ordinaires par la
manière dont il favorisait les premiers. Il ne fut pas plus heureux dans ses relations diplomatiques. Le cardinal de Turny
fut mandé à Paris pour demander au conseil du Roi et à l'Université d'accorder au pape Alexandre V les deux dixièmes sur
les revenus de l'église de France pour les grandes affaires de
la papauté. Ce qui ne fut pas accordé parce que les membres
de l'Université s'y opposèrent formellement. Durant son administration, ce pontife ne fit preuve que d'incapacité, de mollesse
et de négligence ; ce qui fait voir qu'une tête propre aux études, n'est pas toujours apte à conduire le char du gouvernement. Il mourut le 5 mai 1410, n'ayant occupé la chaire de
Saint Pierre que dix mois et quelques jours.

A cette époque le valeureux comte Louis II passait, comme
ses prédécesseurs, sa vie féodale à combattre en Italie dans la
guerre des Guelfes et des Gibelins. Les galères marseillaises le
secondèrent dans toutes ses expéditions, et on lit dans les
chroniques que pour la première fois ces galères firent usage
de l'artillerie du canon.

C'est dans cet intervalle, c'est-à-dire en 1409, que le Comte
de Provence, passant par Rome pour se rendre dans ses Etats
napolitains qui le rappelaient contre Ladislas qui lui avait ravi
la succession, conçut le dessein de soumettre ses projets au
pape. Apprenant que le concile de Pise, où il s'était fait représenter par l'évêque de Gap, deux chevaliers, un docteur ès-
lois et un secrétaire (1), avait *en apparence* (2) calmé les trou-

(1) Chronique du Religieux de Saint-Denis, t, IV, p. 209.

(2) Je dis *en apparence :* car l'élection de Philargi n'avait pas rendu la
paix à l'Eglise. Le schisme était devenu plus fort. Au lieu de deux papes
il y en eut trois et chacun eut son obédience. Benoit XIII cantonné dans
l'Aragon et anathématisé par les pères du concile de Pise ; Grégoire XII
déposé au même concile et retiré à Rimini, et Jean XXIII, qui occupait
à Rome le trône pontifical.

bles de l'Eglise, enchanté de trouver les choses en si bon état, Louis II va à Pistoie, auprès du pape Alexandre V, et lui rend obédience. Le pontife, de son côté le reçoit avec toutes sortes d'honneurs, lui donne l'investiture du royaume de Naples (1), au cas où la première inféodation faite par Clément VII à Avignon ne fut pas valable ; lui quitte tous les arrérages du cens d'or ; le crée gonfalonnier de l'Eglise et le gratifie des bulles de restauration de l'Université d'Aix et de fondation d'une autre à Angers (2).

Ce document dit en substance : *Civitas aquensis eminens, apta pro studio generali, ut illud pro tempore vigeret in ipsa, quodque tunc erant in illa nonnulli magistri in sacra pagina atque plerique doctores et scholares in jure canonico et civili debitis horis continue legentes atque studentes, necnon de die in diem melius proficientes in facultatibus ante dictis.....*

Cette bulle contredit formellement l'historien Bouche, qui prétend que la théologie n'était pas professée dans Aix avant 1409. L'annaliste Pitton lui objecte fort judicieusement que les termes même de la bulle le prouvent « *erant in illa nonnulli magistri in sacra pagina* » ; en effet, être maître ou savant dans la Sainte Ecriture, c'est être théologien. Le même document constate encore qu'il y avait dans la ville beaucoup de clercs et d'ecclésiastiques ; or c'est à cette sorte de personnes qu'on lit la théologie.

Cette autre phrase « *adjicimus quod dictum generale*

(1) Le 1ᵉʳ novembre 1389, Louis II avait été couronné roi de Naples à Avignon par Clément VII. L'inféodation d'Alexandre V est du 14 des calendes de septembre 1409. « Datum Pisis per manum mei Johannis épiscopi Ostio, Sanctæ Romanæ ecclesiæ Cardinalis cancellarii, XIV kal. septembris, indictionis secunda, Incarnationis Domini Anno millesimo quadringentesimo nono pontificatus vero Domini Alexandri papæ quinti, anno primo.

(Arch. de Marseille, B. 615).

(2) En cette même année 1409, l'Université de Leipzig fut fondée par Frédéric le Belliqueux, et sanctionnée elle aussi par une bulle du pape Alexandre V.

studium, in eadem civitate, in sacra theologia, necnon in canonico et civili jure et in quibuscumque licitis facultatibus hujus modi vigeat, ... implique l'existence antérieure des facultés de théologie et de droit canonique et civil, et semble autoriser la création des facultés de médecine et des arts.

Les facultés de théologie et de droit existaient donc ; elles fonctionnaient depuis la fin du règne d'Ildefonse Iᵉʳ, c'est-à-dire depuis le commencement du XIIIᵉ siècle, comme je l'ai déjà dit. Régies par des règlements qui leur étaient communs, elles avaient chacune une constitution personnelle. La bulle pontificale y ajouta les facultés de médecine et des arts, non pas expressément, mais tacitement, en disant que les privilèges, libertés, immunités seraient applicables à ceux qui étudieraient ou enseigneraient dans les autres facultés permises, tout comme dans l'Université de Paris et de Toulouse « *Nec non etiam studentes, audientes, ibidem, in theologia, ac in utroque jure et aliis facultatibus gaudeant et utantur omnibus privilegiis, libertatibus et immunitatibus concessis per sedem prædictam docentibus et studentibus in eisdem facultatibus Parisiis, Tholosæ et quibus pro tempore utuntur.*

Louis II, après le succès de sa campagne diplomatique à la Cour de Rome, se disposait à poursuivre son expédition de Naples, lorsque trompé par la trahison de ses ennemis nombreux, il fut obligé de rebrousser chemin. Il revint en Provence où il demeura quelques années. Durant son séjour à Aix, il fit preuve d'une sage administration. Il institua une cour de justice composée de dix conseillers et d'un procureur fiscal pour rétablir l'ordre dans les finances, les terres de la Provence et les fiefs de la couronne. Pénétré de l'immense bienfait que la restauration de l'Université allait rendre à cette province, il fit expédier en 1443 des lettres patentes pour mettre les écoles sous sa royale protection. Mais il fut bientôt rappelé dans son duché d'Anjou, menacé par une soudaine invasion des Anglais. Il mourut à Angers le 29 avril 1447, laissant six enfants : trois garçons et trois filles : Louis, René et Charles; Marie, femme de Charles VII, Yolande et Nathaire.

Louis III, son fils aîné, recueillit sa succession. Il ne vint en Provence, comme ses aïeux, que pour prélever des impôts pour ses expéditions en Italie, et son règne ne présente aucun fait remarquable pour l'histoire que nous poursuivons. Il mourut le 24 octobre 1434.

Son frère René d'Anjou étant prisonnier du Duc de Bourgogne lorsqu'il fut appelé à lui succéder. Ayant recouvré la liberté au prix de conditions fort dures et moyennant une forte rançon, il passa en Italie pour faire valoir ses droits sur le royaume de Naples, comme héritier de Louis III. Mais ayant échoué dans son entreprise il y renonça entièrement pour chercher sa consolation dans les lettres et les arts. Il mourut le 10 juillet 1480 et par testament il disposa de la Provence et de la couronne de Naples en faveur du seul enfant mâle qui restait de sa maison, Charles, son neveu, fils du comte du Maine.

Charles III mourut l'année suivante et par testament en date du 10 décembre 1481 institue pour ses héritiers le roi Louis XI, le dauphin et leurs successeurs en la couronne de France. Les clauses de ce testament formèrent le contrat solennel qui unit la Provence à la mère-patrie.

Nous ne reviendrons plus sur l'histoire mouvementée des comtes de Provence. Nous rentrons en plein dans notre sujet, en fermant la porte aux digressions que nous avons dû nécessairement subir pour montrer les diverses péripéties de l'enseignement public en Provence. Les sciences se forment par des accroissements successifs. C'est en remontant la chaîne des siècles passés qu'on peut déterminer les lois de leur développement.

En adressant les lettres patentes relatives à l'Université au sénéchal de la province, Pierre Dacygné (1), vicomte de Reilhanne, Louis II ordonnait de protéger, de défendre et de favoriser, autant qu'il serait raisonnable de le faire, les écoliers

(1) Arch. de Marseille, Reg. B, 8. — Concession à Pierre Dacigné, grand sénéchal du pays, cousin du Roi, du droit de délivrer des diplômes aux médecins, chirurgiens et barbiers de ses seigneuries.

qui étudieraient en cette Université. Dans cet écrit il se félicite d'avoir établi à Aix l'*Etude générale*, « *Studium generale ad totius nostræ Patriæ et incolarum ejus fidelium decorem, utilitatem et commodum*. Il exhorte tous les prélats d'envoyer leurs diocésains aux études de la ville, comme dans le lieu le plus propice de la province, et afin de les faire profiter des instructions que leur donneront des maîtres habiles dans toutes les facultés « *ad ipsum studium in nostra aquensi civitate et non alibi propterea studeant se transferre*. »

On a qualifié ces lettres du titre de fondation ; mais, je l'ai déjà démontré, la vérité ne s'accorde pas avec ce dire, puisque cette Université avait été fondée plusieurs siècles auparavant sous Ildefons Ier : opinion soutenue par le fait des lauréandes doctorales passées dans Aix sous Charles II, au commencement du XIVe siècle, par le nombre des savants de premier ordre qui en étaient sortis dans le XIIIe, et enfin parce que, dans le XIIe, dès les premières années de sa naissance, on y venait étudier de fort loin. D'ailleurs la bulle du pape Alexandre V semble corroborer cette opinion, quand elle dit que c'était pour favoriser de plus en plus les docteurs régens et maîtres dans les sacrées écritures et dans le droit civil et canonique, ainsi que les écoliers qu'il avait coutume d'y avoir depuis longtemps.

Aussi les règlements de l'Université ne qualifient Louis II que du titre de restaurateur, ainsi que le dit un des articles. « Statut : conservatoria studii. — Statuimus et ordinamus in « observatione privilegiorum et libertatum concessarum per « bonæ memoriæ reges Ludovicum II nostræ almæ Universi- « tatis restauratorem, et Ludovicum III. » Les lettres patentes parlent, il est vrai, de fondation, mais ce n'est qu'une façon de parler de l'auteur qui a voulu se conformer au goût de ceux qui avaient été les promoteurs de l'idée et qui avaient ainsi voulu rendre hommage au royal bienfaiteur.

L'Université, dûment autorisée à s'installer sur le même

pied que celles de Paris et de Toulouse, se mit en devoir de révéler son existence par des règlements. Les membres des diverses facultés se réunirent et élaborèrent des statuts copiés sur les vieilles coutumes de l'Étude général ; ils en firent de nouveaux, et le tout resta manuscrit jusqu'en 1660 (1), année où on les imprima pour la première fois (nunc primum typis mandatæ). Tous ces statuts sont imparfaits, confus et d'une latinité barbare ; mais on entrevoit des rapports avec les usages de l'Université de Paris, que Louis II avait voulu prendre pour modèle.

De par ce règlement, l'Université d'Aix avait à sa tête un chancelier et un recteur, qui le 1er janvier 1531 prit le nom de primicier, un syndic et un trésorier, avec un bedeau général et son aide pour serviteurs. Pour les seconder dans leurs fonctions, on créa un conseil dont les membres furent pris parmi les élèves anciens et nouveaux ; et à ce sujet les écoliers établirent entre eux des distinctions de patrie, destinées à rallier tous les individus appartenant au même pays. Cette division partagea l'Université d'Aix en trois nations : la Bourguignone, la Provençale et la Catalane : c'étaient les trois qui composaient en deçà des monts le royaume et comté de Provence, et on régla la question de préséance pour les ordres religieux. Les frères prêcheurs seraient les premiers, les frères mineurs les seconds, les augustins les troisièmes, et les carmes seraient les derniers. Mais il fut convenu que s'il se trouvait un frère hospitalier de Saint-Jean de Jérusalem, qui fut membre du corps universitaire, il aurait dans tous les actes collégiaux le pas sur tous les autres religieux.

Les Archevêques d'Aix leur assignèrent dans la cathédrale Saint-Sauveur la chapelle Sainte-Catherine dans laquelle toute la corporation se réunissait les dimanches et fêtes pour y entendre la messe et y faire les actes que l'on avait l'habitude d'y faire, ainsi que pour y ensevelir les membres défunts.

(1) Un exemplaire manuscrit en écriture gothique a été offert à la bibliothèque Méjanes d'Aix par M. Ch. Giraud de l'Institut. Almæ Aquarum-Sextiarum Universitatis vetera et nova statuta constitutiones et consuetudines nunc primum typis mandatæ.

Disons-le tout de suite, tout ce que l'on fit à cette époque pour illustrer l'Université porta si loin sa réputation que les étudiants des nations étrangères y venaient fréquemment pour s'y faire graduer.

Le premier CHANCELIER, dont l'histoire nous a conservé le nom, fut l'Archevêque d'Aix, Thomas de Pupio. Il était chanoine de Saint-Sauveur en 1398, et avantageusement connu par ses écrits sur le droit canon et le droit civil, lorsque le chapitre le promut à l'Archevêché (1). C'est lui qui reçut la bulle du pape Alexandre V, qui confirmait les privilèges de l'Université. Il avait agi avec vigueur de concert avec le fameux Gerson, dans l'affaire de la soustraction à l'obéissance de Benoît XIII. Il avait assisté au concile de Pise et à son retour à Aix il tint un synode pour réformer son clergé et lui inspirer le goût de l'étude. Il ordonna que chaque bourg ou ville murée possédât une copie du Nouveau Testament avec des notes que les prêtres pourraient consulter. Il voulut enfin que tous les ans après les vendanges les prêtres tinssent dans le chef-lieu des conférences sur les devoirs de leur ministère et sur la théologie.

Les règlements de l'Université publiés de l'autorité du prince qui nomma pour cette fois seulement l'archevêque à la place de chancelier, *quamdiu vixerit*, sa vie durant. Mais il fut stipulé qu'à l'avenir l'élection du chancelier appartiendrait au recteur, aux docteurs et aux licenciés; et on leur donna le pouvoir d'en élire un tous les ans, s'ils le jugeaient à propos; quoiqu'en disent M. Roux-Alphéran et autres historiens avant lui, Pitton par exemple; ce qui veut dire que l'archevêque

(1) Il était fils de Jean de Pupio, maître rational, et d'Anne de Mérindol. Il fit son entrée dans Aix en la présence du roi Louis II, auquel il rendit hommage. Il reçut le pallium à Rome dans le voyage qu'il fit pour accompagner le pape Eugène IV, qui se trouvait dans Aix le 24 août 1401. Il mourut le 18 février 1420 en léguant ses biens et ses livres à l'Eglise, et à la ville d'Aix une riche collection de manuscrits, où se trouvait une bible écrite sur vélin et enrichie de miniatures, qu'il avait achetée à Milan 50 florins d'or.

n'était pas chancelier né de l'Université, et qu'on avait tout
pouvoir d'en élire un autre, comme le dit très explicitement
le statut : « Et si videretur prædictis Dominis certis ex causis
animum ipsorum moventibus quod possint alium eligere quolibet anno, qui quidem cancellarius sic electus jurare teneatur
s' uta. »

Le chancelier ainsi élu prêtait devant les membres du collège le serment d'observer fidèlement les statuts présents ou à
venir, de les faire observer par les autres et de se dévouer au
service de la vénérable Université. Le chancelier était suppléé
par un vice-chancelier qui fut toujours pris dans la faculté de
droit, et parmi les plus anciens des docteurs non mariés.

Après le chancelier venait le RECTEUR. Il devait être élu tous
les ans le premier jour du mois de mai, à une heure après
midi dans la chapelle Sainte-Catherine, que le bedeau avait
soin de parer de tous ses ornements. Le candidat devait être
simple écolier, clerc de première tonsure, afin de pouvoir
connaître des causes civiles ou criminelles des clercs ou des
matriculés, et être enfin de bonne vie et mœurs. Toutes les
fois qu'un séculier était trouvé suffisant pour remplir ces fonctions, on ne pouvait élire aucun moine ou religieux, sauf le
cas où l'Université y trouverait son avantage. Le recteur était
élu par les étudiants, sous l'invocation du Saint-Esprit, au
vote secret. Chaque étudiant inscrivait un nom seulement sur
un bulletin en présence du chancelier ou du vice-chancelier
qui recevait les votes sur l'autel, afin d'éviter toute fraude ou
querelle survenant à la suite d'erreurs. Celui qui avait réuni la
majorité des suffrages était proclamé *recteur* par le chancelier
ou son lieutenant (*locumtenens*), qui lisait le nom à haute voix
de façon à être entendu de tous. Si les maîtres en théologie,
ou les docteurs, licenciés, agrégés voulaient prendre part à cette
élection, ils remettaient leur bulletin au chancelier.

En cas de fraude, on procédait immédiatement à une nouvelle élection, et chaque électeur écrivait cette fois sur son bulletin ces mots : « J'élis au titre de recteur M. un tel. »

L'élection faite et le nom proclamé, l'élu était tenu d'offrir aux étudiants une collation avec des laitues, frugalité bien différente, dit de Haitze, de ce qui s'est fait de nos jours en semblable rencontre, où l'on s'épuise quelquefois en festins qui tournent en débauche de table.

Après cela, on procédait à une cérémonie d'un cachet tout particulier, *la prise du chaperon et la mise en possession du rectorat.* Le premier jour de la fête de la Pentecôte, le bedeau sonnait la cloche le soir après l'*Ave Maria* ; le lendemain matin, après l'*Angelus*, il sonnait de nouveau en l'honneur de l'Université. Le premier jour à l'heure des vêpres, un étudiant avec six ou huit de ses condisciples, tous à cheval et décemment vêtus, se rendaient chez les plus illustres habitants de la ville, chez les chanoines, chez les officiers du temporel et du spirituel, chez les licenciés, les nobles et les syndics pour leur faire connaître le nom de l'élu, qui devait recevoir le lendemain les insignes du Rectorat dans l'église Saint-Sauveur entre sept et huit heures, et le lieu de réunion qui était la maison du nouveau recteur. On allait aussi prévenir les professeurs, après quoi ces jeunes gens se rendaient chez les dames et les femmes honnêtes (dominabus et mulieribus honestis) pour les inviter aux danses qui auraient lieu au palais après souper, et à la collation qui leur serait offerte. Cette cavalcade, précédée du bedeau, masse sur l'épaule, et suivie de musiciens, fifres, auboys et violons, à cheval aussi, se rendait également dans les divers couvents de la ville, pour faire semblable notification aux supérieurs.

Le nouvel élu payait le soir un repas à tout ce monde, et le lendemain il offrait à déjeuner aux docteurs, aux maîtres, à l'assesseur, aux syndics, aux licenciés et à tous les étudiants qu'il jugeait à propos d'inviter.

Le matin du second jour de la Pentecôte, le nouveau recteur sortait de sa maison précédé du bedeau portant la masse surmontée des insignes du récipiendaire. Les invités venaient après et le cortège se mettait en marche au bruit des fifres et

tambourins ou autres instruments vers la cathédrale, où le
recteur devait recevoir ses insignes à la grand' messe après
l'évangile. A ce moment on faisait les harangues. Au milieu du
chœur et en face du siège de l'archevêque, on avait préparé
deux sièges pour les recteurs, l'ancien et le nouveau.

Le recteur devait avoir un chaperon garni de fourrures et
différent de celui des docteurs et de ceux qui portaient chaperon, parce qu'il avait la prééminence sur eux.

Lorsque le cortège avait pris place dans l'église, la grand'
messe commençait, et après l'évangile, l'office divin était un
moment interrompu. Un étudiant montait en chaire, chantait
seul les louanges de Dieu, faisait un éloge pompeux des sciences, des recteurs, de l'ancien et du nouveau, et remerciait le
chancelier, les docteurs, les licenciés présents à la cérémonie,
les assesseurs, les syndics et les nobles par ordre et dignité de
grade. Il terminait par une prière, descendait de chaire, et
était reconduit à sa place par le bedeau. A ce moment les fifres
et les musiciens venaient prendre place près du bedeau afin
d'être plus facilement entendus. Pendant que la musique jouait
un morceau de son répertoire, le bedeau allait chercher les
deux recteurs, l'ancien et le nouveau, par ordre du chancelier,
et sur son invitation tous deux prenaient possession des
sièges qui leur étaient destinés. L'ancien demeurait sans chaperon, car il devait le passer à son successeur; il demandait
pardon si durant ses fonctions il avait manqué à son devoir,
rendait des actions de grâce, comme l'avait fait l'étudiant; et
après avoir remercié les assistants il prenait les insignes sur
la masse du collège et les posait sur les épaules du nouveau
recteur. Celui-ci se mettait alors en prière, puis il adressait
un discours à l'assistance et remerciait comme son prédécesseur. Après quoi les musiciens jouaient encore un morceau et
descendaient de leurs sièges; le bedeau les ramenait à leur
place dans le chœur où ils étaient avant. Le nouveau recteur
était conduit devant le chancelier entre les mains duquel il
prêtait à genoux le serment d'usage :

« Moi ..... recteur de l'Université, je jure d'être pendant tout le temps de mon rectorat, obéissant et fidèle au chancelier et au collège de l'Université ; je ferai tout mon possible pour l'utilité et l'honneur de l'Université ; j'observerai ses statuts présents ou futurs et les ferai observer par les autres autant que possible ; je ne reconnaîtrai pas d'autre autorité que la vôtre, et n'éviterai pas les charges contenues dans ces statuts; j'agirai toujours du consentement des conseillers. Je défendrai les libertés et les privilèges de l'Université contre qui que ce soit, excepté toutefois le pape et le roi comte. Que Dieu m'aide, et je le jure sur le saint Évangile. »

La cérémonie terminée, le nouveau recteur donnait une collation et le bal qu'il avait promis aux dames. — Cette cérémonie n'avait guère de rapports avec celle qui avait précédé, et ne convenait guère à un fonctionnaire initié dans l'église et regardé comme un ecclésiastique, puisqu'il était de 1re tonsure. C'était là une conséquence de la dépravation des mœurs du Moyen-Age (DE HAITZE).

Le recteur, quoique simple écolier, jouissait de grandes prérogatives. Dans toutes les cérémonies, il siégeait après le chancelier et précédait les officiers royaux, à l'exception toutefois du grand sénéchal et du chancelier royal. Si le chancelier royal était absent, mais que le juge-mage y fut, le recteur venait après. En un mot il cédait le pas à tout officier qui était là pour représenter l'autorité du Roi. Il se plaçait toujours à gauche de ces représentants du pouvoir. Il précédait tous les magistrats, les docteurs, les licenciés et les étudiants. Dans les actes scholastiques, il siégeait immédiatement après le chancelier.

Lorsqu'après avoir terminé ses études, il voulait prendre ses grades de licence ou de doctorat, on le tenait quitte de tous les droits universitaires. Mais s'il voulait subir l'examen des mœurs ou le rigoureux dans le conclave du collège des docteurs, il devait solder tous les droits des membres présents au conclave et des agrégés du collège, tout comme un simple étudiant. Les docteurs agrégés en l'argumentant et en le combattant au sein du conclave, n'avaient pas à le redouter, puisqu'il était considéré comme un simple particulier. Pour cet examen, le recteur payait au bedeau la moitié des droits que celui-ci percevait pour les charges du collège.

Mais les prérogatives des recteurs ne s'arrêtaient pas là. Ils avaient une juridiction toute spéciale. Ainsi pour toutes les affaires concernant l'Université, ou quelques-uns de ses membres, le bedeau, par ordre du recteur, faisait dans les écoles l'appel des maîtres, des docteurs, des licenciés, des bacheliers et des étudiants matriculés. Tous étaient tenus de répondre sous la peine du serment prêté (*sub pœna præstiti juramenti*) ou de quelque autre punition qu'il plairait de leur infliger, à moins de fournir une excuse légitime. Il serait vraiment inutile d'élire et d'instituer un recteur, si on ne devait pas lui obéir, car les affaires de l'Université seraient mal administrées.

S'il survenait une querelle, un différent touchant la dignité, le grade, l'état civil ou criminel entre les maîtres, les docteurs, licenciés, bacheliers, les étudiants matriculés ou leurs serviteurs d'une faculté quelconque, le recteur était leur juge. Il pouvait connaître sommairement, selon l'exigence des cas, statuer définitivement suivant la disposition du droit et faire exécuter ses ordres.

Dans le cas où la sentence du recteur serait discutée, ou qu'il fut lui-même tenu en suspicion, on devait lui adjoindre un membre de l'Université, un docteur faisant des lectures par exemple, pour démontrer l'injustice ou la nullité de la sentence, et on ne pouvait rendre l'arrêt définitif, sans le vote de ce docteur. D'autre part si ce même docteur paraissait suspect à son tour, un des docteurs agrégés à l'Université était adjoint au recteur afin de faciliter le cours de la justice. Pour le fait en litige, la discussion n'était pas permise, puisque l'adjoint avait été choisi par ceux-là même qui avaient émis le soupçon.

Tous les membres matriculés de l'Université, recteur, étudiants et docteurs, le bedeau même, avaient le droit de faire venir leurs débiteurs et tous ceux qui avaient proféré contre eux des injures verbales ou leur avaient porté des coups, devant un membre du conseil pour leur faire justice.

Le recteur, de concert avec le conseil de l'Université, devait pourvoir à la charge de secrétaire du conseil dont le rôle était d'empêcher les matriculés et les agrégés d'aller hors la ville sous de fallacieux prétextes, alors qu'ils devaient vaquer à leurs études.

L'Université d'Aix, ayant été fondée à l'instar de celles de Paris et de Toulouse, ne devait pas être inférieure en condition ni en manière d'être à aucune autre université, les statuts le disent; elle devait donc jouir des mêmes privilèges. L'autorité civile, cherchant à favoriser le goût des études, combla les écoliers de ses faveurs. Déjà l'empereur Frédéric Barberousse, s'inspirant de l'exemple de Constantin, avait rendu sa fameuse ordonnance en faveur de l'école de Bologne. Il avait accordé aux étudiants la protection impériale, et dans les affaires contentieuses les avait soustraits à la juridiction ordinaire pour les placer directement sous l'autorité de leurs maîtres ou de l'évêque de la ville.

Un privilège qui avait une précieuse valeur pour la jeunesse ardente de la ville d'Aix, était énoncé dans le statut suivant : Si une femme se trouvait dans la maison ou la chambre de quelque membre de l'Université, et que quelqu'un vint à la réclamer, les officiers de justice, supérieurs ou inférieurs, pour une cause criminelle ou civile, n'avaient pas le droit de pénétrer dans le domicile sans que le recteur fût présent. Ce dignitaire devait entrer dans la maison, accompagné d'un ou deux docteurs régens et d'un syndic de la ville, pour empêcher les officiers de justice d'appréhender l'étudiant et pour sauvegarder l'honneur de la femme et de sa famille, à moins toutefois que l'on soupçonnât un viol ou un adultère. Si la femme avait été prise par la force et la violence, le recteur devait la faire rendre au plaignant ou à ses amis et la faire reconduire dans un lieu honnête pour l'honneur du sexe féminin.

Ces cas devaient se produire fréquemment et occasionner de nombreux scandales. La jeunesse des écoles s'était livrée à de coupables excès; et l'irrégularité de la conduite des écoliers, qui aimaient mieux contempler les beautés des jeunes filles que les beautés de Cicéron ou du droit romain, poussa plus tard l'autorité à leur retirer le port des armes.

A côté du recteur, il y avait un conseil dont les membres étaient étudiants et élus par leurs condisciples de suite après l'élection du recteur. Ce jour-là, c'est-à-dire après la fête de la Pentecôte, quand les lectures commençaient dans les facultés, on convoquait une assemblée générale des étudiants dans le collége (*Studium*). Le bedeau faisait cette convocation dans les écoles à l'heure des lectures , en ces termes :

« Par ordre du Recteur, homme noble et circonspect, il est prescrit et ordonné aux étudiants de la vénérable Université, en tant qu'ils en seront dignes, de se trouver dans la chapelle du Collège, sous peine du serment prêté, à l'effet d'élire les nouveaux conseillers et les officiers pour régir les affaires de l'Université, suivant la forme des statuts. »

Les étudiants une fois rassemblés, les conseillers anciens de l'année presque écoulée devaient se retirer à part, tous ou en majeure partie avec l'ancien recteur et le nouveau, et là ils devaient élire neuf nouveaux conseillers pour l'année à venir. Et si les maîtres et les licenciés de n'importe quelle faculté voulaient assister à cette élection, ils le pouvaient ainsi qu'aux élections des autres officiers ; pour celle des neuf, il fallait qu'il y eût un chanoine de la cathédrale d'Aix.

De même il devait y avoir deux membres de la faculté de théologie, à la condition que l'élection ne porterait pas sur des maîtres de ces écoles, afin que l'honneur en revînt successivement à chaque école. Il y en avait encore deux autres de la nation de Bourgogne, deux de la Provençale et deux de la Catalane. En outre il y avait un conseiller maître ès-arts, pris parmi les régents dans les écoles de la cité, un étudiant en médecine ou gradué mais non encore docteur. Si les nations susdites faisaient défaut, ou quelqu'un des autres, le nombre des conseillers était complété à l'aide des écoliers restants. Les nouveaux élus prêtaient serment entre les mains du nouveau recteur de la manière suivante :

« Moi..... Conseiller élu de la vénérable Université d'Aix, je jure à vous, Recteur, que toutes les fois que je serai appelé par le bedeau ou autre, d'après votre ordre, je me rendrai au lieu désigné et je vous donnerai à vous et à l'Université un bon et fidèle conseil. Je ne révèlerai à personne les secrets qui me seront confiés dans le conseil. S'il parvenait à ma connaissance quelque chose qui fut contraire à notre vénérable Université, je vous le transmettrais le plus tôt possible à vous ou à votre remplaçant, et pour ce qui me regarde j'observerai les statuts de notre vénérable Université et je m'efforcerai de faire observer par les autres les statuts présents ou à venir, avec l'aide de Dieu et cela sur le saint Evangile. »

Les autres officiers étaient les syndics, les procureurs et les promoteurs des étudiants. Ils étaient élus par le nouveau recteur, les nouveaux et les anciens conseillers. Cette élection leur accordait autant de pouvoirs que s'ils avaient été élus par l'Université tout entière. Ils prêtaient serment tout comme les conseillers.

Le *Trésorier* était nommé par ces mêmes électeurs. Ses fonctions étaient de percevoir et de garder l'argent de l'Université, de tenir le livre des recettes et des dépenses, parce que la mémoire de l'homme est fugitive (*cum memoria hominis sit labilis*).

Il prêtait serment entre les mains du Recteur :

« Moi..... Trésorier de l'Université, je vous jure, M. le Recteur, que j'exigerai et ferai exiger en temps opportun l'argent dû à notre Université; je le conserverai pour son utilité; je ne le dépenserai point en tout ou en partie, à moins d'un ordre du conseil, et je vous en rendrai à vous et aux conseillers ou à leurs mandataires, un compte exact et légal des recettes et des dépenses avec l'aide de Dieu et du saint Evangile. »

7

Le tréscrir ancien, toujours au dixième jour après la Pentecôte, était tenu de rendre compte de son administration avec preuves suffisantes à l'appui (*cum sufficientibus probationibus sive apodixis*), de l'argent par lui employé.

Le recteur et les conseillers fixaient les heures des lectures et les faisaient publier trois fois par an dans les écoles par le bedeau, à savoir à la 1ʳᵉ lecture après la Toussaint, après le mercredi des cendres (*post carnis privium vetus*), et après l'octave de la Pâques.

Le recteur et les conseillers devaient parer à tous les incidents qui pouvaient survenir dans l'Université et y pourvoir provisoirement ; et s'il survenait un incident plus ardu, qui exigeât une délibération plus sérieuse, ces messieurs étaient tenus d'agir de concert avec l'assemblée des maîtres et des docteurs, et s'il en était besoin avec le chancelier.

Ils devaient aussi veiller avec diligence et sollicitude à ce que les nouveaux officiers qui venaient à la Cour royale d'Aix jurassent, au moment de leur installation, d'observer attentivement tous les privilèges et libertés accordées par le roi et comte au collège de l'Université d'Aix. Ils requéraient tous les ans pour la Saint-Michel les Syndics de la ville d'élire les taxateurs pour taxer les maisons qui devaient être louées aux étudiants. Les syndics élisaient un taxateur, le recteur et les conseillers un autre ; si ces deux ne pouvaient pas s'accorder, on en nommait un troisième qui était un vicaire ou un juge de la cour ordinaire et alors la majorité décidait. L'étudiant et le propriétaire de la maison étaient tenus de se soumettre au dire des taxateurs, et de cette façon les étudiants qui venaient dans l'Etude d'Aix n'étaient pas exploités pour la location de leur logement.

Tout membre du collège, professeur, docteur, licencié ou écolier qui habitait une maison depuis un an, ne pouvait en être chassé, s'il payait la taxe fixée par les taxateurs, aussi longtemps qu'il s'y comporterait honnêtement, et le citoyen propriétaire de la maison était forcé d'en faire l'abandon. Nul de l'Université ne pouvait louer un appartement habité, depuis un an ou même moins, par un membre juré de l'école, si

celui-ci voulait le retenir pour l'année suivante, à moins de
dire à l'avance qu'il ne voulait plus y rester ; dans ce cas il était
permis de louer. Celui qui ferait le contraire serait nommé
parjure par les écoliers.

Si l'on faisait à un professeur, docteur, licencié, bachelier,
bedeau général où à leurs serviteurs une injure pour quelque
cause que ce fut, le recteur et les conseillers s'assemblaient en
toute diligence et discutaient d'abord la question de savoir s'il
y avait eu réellement injure, et si la faute devait retomber sur le
membre de l'Université ou sur l'autre, et s'il y avait lieu d'après
cela de poursuivre le délit ou non. Si le conseil décidait des
poursuites, elles étaient faites par le procureur de l'Université
aux frais de celle-ci, jusqu'à ce que l'insulteur, après avoir
payé les dommages et les dépens, eut fait amende honorable
et convenable.

Voici un article des statuts dont je n'ai pas bien saisi le sens.
Je le reproduis textuellement, le traduira qui voudra et l'ex-
pliquera qui pourra.

Conservatoria Studii. — Statuimus et ordinamus in obser-
ventiam privilegiorum et libertatum concessarum per bonæ memoriæ reges Ludovicum II, nostræ almæ Universitatis **RESTAURA-
TOREM** (1), et Ludovicum III : quibus cavetur quod colligentes
margaritas, prœmium et salarium habere debeant. Ea propter præfati
Magistri, Doctores, Licentiati, Baccalaurei, Bidellus, cujuslibet Fa-
cultatis sint degentes in Patria Provinciæ et Comitatibus ejusdem, et
scholares studentes continuè in dicta alma Universitate, aut conti-
nuam moram facientes, et incorporati, dum tamen continuè, et semper habitu studentis, possint gaudere aliquo fructu suorum laborum,
non possint conveniri per aliquas curias temporales seu spirituales,
prout sunt ordinariæ et conservatoriæ quibuscumque personis
concessæ : pro causis civilibus aut criminalibus, nisi coram dicto
Domino Rectore, prout supra dictum est. Et si aliqua injuria esset
eisdem irrogata per laïcum, aut alium cujuscumque status et con-

(1) On remarquera l'importance de ce mot pour l'origine de l'Université.

ditionis existat, in persona seu bonis, quod dicti inferentes tales
injurias possint conveniri et puniri per Conservatorem datum per
Summos Pontifices dominis prædictis studentibus dictæ Universitatis tam civiliter quam criminaliter. Tum si præfati Domini
studentesque haberent aliquos debitores tam in vim contractus
quam successionis ac laborum aut cessionis eisdem factæ per aliquos ad supportandum onera studii ipsorum, aut status, quavis
alia de causa, dum tamen cessiones non sint fictæ et coloratæ,
quia honestum non esset vexare aliquiem sub collusione et fraude,
cum jure sint vitandæ. Et quòd ipsi facere conveniri possint eos
debitores coram Conservatore Studii, ne occasionem habeant va-
gandi, discurrendi, et dehoresandi eorum Studium et ne exire
habeant civitatem, cum propter rempublicam militent, et licitum
sit subvenire illis, non obstantibus juribus in contrarium facien-
tibus in Corpore juris scripti. Et ipse Conservator eisdem justitiam
faciat secundum juris dispositionem, auctorem et reum audiendo
in actionibus, exceptionibus et replicationibus.

Qu'était cette *conservatoria*? D'après ce statut il semble-
rait que c'était la fonction du conservateur qui a l'air d'être,
d'après ce latin, le protecteur-né des membres de l'Université
en vertu de sa nomination par les souverains pontifes.

Je n'ai trouvé dans mes longues recherches aucun autre
document se rapportant à cette *conservatoria*. Il m'est donc
impossible d'en dire plus long.

Le recteur seul ne pouvait pas faire commencer de nouveaux procès par le procureur aux frais de l'Université, sans
le consentement de ses conseillers; et s'il survenait de graves
difficultés, il devait prendre l'avis du chancelier, des professeurs, des docteurs et des licenciés.

Tous ceux qui étaient convoqués par le recteur pour le
conseil étaient tenus de s'y rendre, à moins d'en être empê-
chés par une raison légitime qu'ils devaient faire connaître
au bedeau ou à son remplaçant nommé par le recteur. En
effet, à quoi bon, dit le statut, décider que le recteur convo-

quera les membres de l'Université, s'ils ne sont pas obligés d'y venir ; de cette façon les affaires seraient mal administrées.

Les inférieurs devaient la déférence aux professeurs et aux docteurs, qui leur devaient la science, et ils ne devaient leur faire injure ni par parole, ni par action, ni autrement. Si quelqu'un allait sciemment contre cette défense, il était privé des grades et honneurs du collège par le chancelier ou le recteur suivant leur pouvoir, et la punition était telle qu'elle devait servir d'exemple aux autres qui ne seraient point tentés d'en faire autant.

Nul membre juré de l'Université ne pouvait plaider ni occuper directement ou indirectement contre l'Université, ni même contre un agrégé ou un incorporé. S'il venait à le faire, il était privé à perpétuité des grades, des honneurs, des privilèges et libertés qu'elle accorde, à moins que son mérite ne fut si satisfaisant que le chancelier et le recteur, assistés du conseil des professeurs et des docteurs, ne lui en octroyassent la permission.

Pour cimenter encore plus la confraternité, l'esprit de corps parmi les membres de l'Université, il leur était interdit de plaider pour un étranger contre un membre des écoles, à moins que ce ne fut pour fait de propriété. Ils ne pouvaient assister les étrangers qu'avec l'assentiment du recteur ou du conservateur. Ceux qui agissaient autrement étaient expulsés sans pitié de la communauté des docteurs, s'ils étaient docteurs, ou des licenciés s'ils l'étaient.

Comme on le voit les privilèges de l'Université étaient grands : inviolabilité du domicile et des personnes, garantie du logement, taxe du loyer, juridiction particulière, etc.

BEDEAU. — Mais voici un personnage qui a bien son mérite et qui de tout temps a su se donner de l'importance : c'est le *bedeau*, (*bidellus*). De nos jours, cette appellation par trop bestiale a été remplacée par une dénomination plus sonore, plus en rapport avec la fonction. On dit : *appariteur* « *apparet*, le voilà ! ». Quel est l'étudiant, le docteur ou le professeur qui n'a pas eu affaire à lui, à ce serviteur zélé et servia-

ble (moyennant salaire) ; et qui n'a pas souri devant sa pres-
tance doctorale et ses prétentions scientifiques ?

« Nous statuons et ordonnons, disent les statuts, qu'il y ait
dans l'Université un bedeau général qui prêtera serment entre
les mains du recteur en son conseil général sous la forme suivante.... » Une fois élu et admis le bedeau va rendre compte au
chancelier de la façon dont il a été élu. Quand il n'y avait
point de bedeau, le recteur convoquait ou faisait convoquer
les professeurs, les docteurs, les licenciés, les bacheliers et les
étudiants de toutes les facultés dans la chapelle du collège, en
l'église Saint-Sauveur, leur exposait pourquoi il n'avait pas
de bedeau, ou pourquoi celui qu'il avait, ne lui avait pas paru
convenable. Il leur en proposait un en tant qu'ils voudraient
bien l'admettre ou l'élire au scrutin, afin que les affaires de
l'Université ne chômassent pas. Et si ces messieurs n'étaient
pas d'accord sur le choix fait par le recteur, on en cherchait
un autre à l'élection duquel on procédait par scrutin ou par
assis et levé. Celui qui avait réuni la majorité des suffrages
exprimés était admis aux fonctions de bedeau. Il était obligé de
fournir un cautionnement pour la masse et autres effets du
collège, s'il ne possédait rien ; et il prêtait serment de la manière suivante :

« Moi...., Bedeau de l'Université d'Aix, je jure à vous Recteur
et à l'Université, que je serai obéissant et fidèle ; appelé par vous
je viendrai, je ferai mon possible pour l'honneur et l'avantage du
Collège, des professeurs, docteurs, licenciés et écoliers ; je garderai
fidèlement les livres qui m'auront été confiés, et s'ils venaient à
être vendus j'en restituerai le prix à leur propriétaire. Je ne divul-
guerai à personne ce qui m'aura été dit dans le conseil ou autres
lieux secrets ; j'observerai fidèlement les statuts présents ou à
venir concernant ma personne et mes fonctions. S'il arrivait à ma
connaissance des faits qui fussent contre l'Université, je vous les
rapporterais à vous M. le Recteur ou à vos remplaçants pour y
aviser. Que Dieu vienne à mon secours. Je le jure sur le saint
Évangile que je touche réellement. »

Celui que l'on entourait de tant de considération avait le titre de *bedeau général* : il était chargé d'annoncer le matin dans la classe des régens, les fêtes, les sermons quand il y en avait, vigile, quatre-temps et le jeûne, ainsi que les messes de l'Université.

Il annonçait les actes des facultés, les principes des bacheliers en droit canonique et civil et en médecine, les répétitions et les thèses « disputes » des docteurs, les mandements du chancelier et du recteur. Tous les ans à la St-Luc, jour de la rentrée du collège de l'Université, il faisait connaître les livres dont les professeurs et les docteurs devaient faire la lecture. Au commencement du mois d'octobre il confectionnait des affiches qu'il allait placarder à la porte de Saint-Sauveur, des églises des couvents, du palais, et des lieux publics. Il y annonçait que M. X.... docteur ou licencié, ferait lecture de tel livre, de telle loi ou tel chapitre le lendemain de la Saint-Luc. Il notifiait le décès des immatriculés et le lieu de la sépulture. A cette époque il y avait de nombreux cimetières dans la ville, chaque couvent avait le sien, et les familles pouvaient, moyennant finances, avoir leur tombeau dans celui qu'elles désiraient.

Sur l'ordre du chancelier, le bedeau convoquait les docteurs et professeurs, et sur celui du recteur les conseillers et toute l'Université.

Pour l'examen d'un étudiant, il désignait les écoliers qui devaient assister les docteurs et le recteur à la dation des points ou à l'examen. Il était obligé de se tenir dans les écoles de l'Université. Il était en outre chargé de la cloche et de la sonner sur l'ordre du recteur ou d'un conseiller, et devait en un mot remplir toutes les obligations dictées par les statuts.

Le bedeau touchait nécessairement des émoluments. En effet, disent les statuts, tout individu promu à une charge doit être salarié, car personne n'est obligé de travailler à ses dépens. Les appointements de notre bedeau étaient complexes et venaient de plusieurs sources. Ainsi tous les ans il touchait pour frais de paille, pour ses peines à tenir le collège propre, pour ses publications, 6 gros de chaque étudiant en théologie, en droit canonique et civil, en médecine ou autre faculté, de tous ceux qui venaient s'asseoir devant la chaire sur des bancs ou des scabeaux (*in franchissiis* (1) *sive banchis ante cathedram*), et des personnes notables qui étaient assises en dehors des scabeaux, car il n'était pas convenable de les traiter sur le même pied que les inférieurs.

Les étudiants qui s'asseyaient à la suite sur les autres escabeaux (*in aliis scamnis*) lui payaient trois gros.

Les bacheliers en toute faculté, pour la peine de leur avoir indiqué le livre qu'ils devaient lire à l'acte, et de les avoir accompagnés de leur maison au collège, avec la masse quand le Recteur était présent, payaient 6 gros chacun.

Le bedeau préparait les sièges dans l'église Saint-Sauveur pour la fête du recteur, le second jour de la Pentecôte et toutes les fois que les affaires de l'Université l'exigeaient. Il était chargé de faire sonner la cloche le soir de la Pentecôte après l'*Ave Maria* et le lendemain à la pointe du jour. Il recevait six gros pour chaque acte ou pour chaque thèse publique (*disputationes*), à moins que le candidat ne fut recteur ou docteur aux lois. Pour l'annonce dans les écoles du décès de quelque agrégé à l'Université et pour le faire savoir aux maîtres, aux docteurs et aux licenciés, ainsi que pour le port de la masse, il lui était dû 6 gros, à moins que la famille du défunt ne voulut payer d'une façon plus généreuse.

Le bedeau avait sous ses ordres des carillonneurs qu'il surveillait pour le son de la cloche et leur donnait trois gros pour leur peine.

Si un membre notable de l'Université venait à mourir et qu'on voulut habiller le bedeau pour lui faire prendre le deuil avec la masse, on devait lui donner l'habit avec le chaperon et traiter du salaire avec lui.

Il percevait aussi un salaire des gradués, comme nous le dirons plus loin.

(1) Du Cange ne dit rien de ce mot que je traduis par escabeau.

PROMOTEUR et BÉJAUNE. — Il y avait dans l'Université un Promoteur général chargé de diriger les étudiants nouveaux-venus dans les Ecoles, afin qu'ils pussent faire leur béjaune dans le courant du mois ; le bedeau par ordre du recteur, en donnait avis tous les mois dans le collège, et publiait dans les écoles que les retardataires eussent à faire leur béjaune dans le mois sur l'ordre du recteur et à la prière du Promoteur, sous peine d'une purgation prise dans le collège avec un livre sur le c..., mon désopilant confrère Rabelais aurait dit « sur *la mappemonde occidentale* » ; en latin cela se disait tout crûment : *sub pœna purgationis fienda in studio, cum libro supra anum, ut assuetum est et moris.*

Le Promoteur n'était pas annuel, si le recteur et son conseil le jugeaient à propos. Quand les étudiants se montraient récalcitrants « *si essent duri ad faciendum bejanum* » à payer leur béjaune, le Promoteur les purgeait tous les mois après la lecture des docteurs, décemment et modérément, mais pas outre mesure, afin d'éviter les rixes et les scandales.

Tout étudiant, voulant faire son béjaune, était tenu de payer à l'Université, s'il était noble : 2 florins. S'il ne l'était pas, il payait pour les frais de l'Université et de la messe, 1 florin. Le Promoteur touchait un gros ; le bedeau pour notification et publication de cet évènement 6 gros.

Lorsque les béjaunes étaient notoirement pauvres, le recteur et son conseil pouvaient leur en octroyer la dispense, s'ils le jugeaient à propos ; ou pour tout autre cause on pouvait leur faire grâce soit de l'argent, soit des vins du festin.

Celui qui devait faire son béjaune, était tenu, à moins d'une dispense, de donner un déjeuner ou un dîner au recteur, au trésorier, au Promoteur, car il était juge de la promotion, et la juridiction le regardait ; le recteur amenait un étudiant avec lui, le Promoteur deux autres pour les aider à purger le béjaune, le trésorier devait recevoir l'argent ; il y avait encore le bedeau et les autres invités des béjaunes. Les statuts voulaient que le docteur de ce béjaune fît une bonne chère, à cause de la peine qu'il prenait pour les lectures.

Si deux ou trois voulaient faire leur béjaune simultanément, pour donner le repas, ils le pouvaient, mais pas un plus grand nombre pour éviter la multitude , à moins d'y être autorisés par le recteur.

Le Promoteur ne pouvait admettre à la purge du béjaune que ceux qui avaient soldé au trésorier le prix fixé plus haut, et les droits habituels de l'Université, à moins d'une dispense.

Comme quelquefois, à cause de la trop bonne chère que leur faisaient faire les béjaunes, les étudiants pouvaient être pour la plupart gais et contents (*alacres et jucundi*), il était à craindre que pendant la purgation ils n'allassent trop loin en frappant sur le cul ou les cuisses des béjaunes, (*in purgatione forte excederent dando supra anum aut femora bejanorum*), les statuts, pour éviter le trop grand nombre de coups, obligeaient le promoteur à rendre une sentence en vertu de laquelle chacun pouvait administrer au béjaune trois coups, ou moins, mais pas plus (*tres ictus aut minus et non ultra*), sous réserve de la pitié du Recteur, d'après les instances des dames nobles ou honnêtes présentes à l'exécution. Le Promoteur communiquait cette sentence au Recteur, et s'il était préposé à l'exécution, il saisissait une poêle avec laquelle il frappait le premier, si bon lui semblait, et il veillait à ce que tout se passât décemment.

Si des dames assistaient à cette plaisante cérémonie, chaque béjaune ne devait recevoir qu'un coup et encore doucement, à cause de la pudeur de ces dames ; ce ne serait vraiment pas la peine de les inviter si elles ne devaient pas apporter quelque soulagement au béjaune, ou élever leurs voix en sa faveur. Mais si le béjaune se montrait « *superbus* », orgueilleux, ingrat et récalcitrant envers le Promoteur, comme le sacrifice doit être proportionné à l'obéissance, on procédait sans miséricorde et il recevait les trois coups en bonne forme, afin qu'il ne surgit pas des troubles et des querelles.

Ce mot de *béjaune* est de date bien ancienne, et je ne suis pas disposé à adopter l'opinion de tous les auteurs de dictionnaire qui considèrent ce mot comme une contraction de *bec-*

jaune, terme de fauconnerie qui désigne un oiseau jeune et niais. Si l'on veut considérer en effet que le *bejanum*, *bejaunium* ou *beanum* était en usage à une époque où le latin était la langue universelle, on sera en droit de se demander si le composé *bec-jaune* n'est pas au contraire une ampliation corrompue de *bejanum*.

Assurément l'Université de Vienne en Autriche ne faisait pas dériver de *bec-jaune* le *beanus* dont parlent ses statuts. « *Item quod nullus præsumat supervenientes novos, quos* BEANOS *vocant, indebitis quibuscumque exactionibus gravare, aut aliis injuriis aut contumeliis molestare.* » Ne serait-il donc pas plus logique d'admettre que *beanus*, *bejanus* trouve son étymologie dans son acrostiche lui-même ?

Beanus (Bejanus) Est Illud Animal Nesciens
Vitam Studiosorum.

Quoiqu'il en soit, nous retrouvons le béjaune au Moyen-Age sous forme d'une coutume très ancienne usitée dans tous les pays où les hommes s'estaient groupés en corporation dans l'intérêt de leurs professions intellectuelles ou de leurs métiers manuels. Un pauvre berger suisse du canton du Valais, Thomas Platter, a tracé dans *Sa vie écrite par lui-même* (Genève, imp. Fick) les péripéties de la vie des étudiants en Allemagne au XVIe siècle. « Nous étions, dit-il, huit ou neuf en tout, trois béjaunes et les autres de grands bacchants, ce sont les noms qu'on donne aux jeunes et aux vieux écoliers ; j'étais le moins âgé et le plus petit des béjaunes. » Les béjaunes se mettaient sous le patronage de leurs amis les bacchants, leur servaient de domestiques et étaient chargés de leur procurer la nourriture quotidienne, ce dont ils s'acquittaient en faisant main basse sur les poules, les oies, les lapins et même les chats.

Au temps de la bazoche, les anciens forçaient les béjaunes de leur payer la bienvenue.

Châtaubriand dans ses *Mémoires d'outre tombe*, parlant des essais poétiques de Bonaparte, lui attribue la velléité d'avoir voulu se suicider. « Mille béjaunes, dit-il, sont obsédés de l'idée du suicide, qu'ils pensent être la preuve de leur supériorité. » Cette dénomination a traversé des siècles sans perdre de sa signification primordiale.

De nos jours, ce mot se dit dans la conversation. J'ai entendu dans un petit village des Basses-Alpes un paysan dire en provençal : « Vous payerez le béjaune. »

A Aix j'ai souvent entendu appeler les étudiants en droit de première année des *bec-jaunes*, et par corruption des *pigeons*, comme s'ils étaient bons à plumer, et de fait il en est un grand nombre qui se font déplumer à plaisir par les parias du sexe hémisphérique.

MESSES DE L'UNIVERSITÉ. — Tous les dimanches à l'église Saint-Sauveur on devait célébrer dans la chapelle du Collège une messe à laquelle étaient tenus d'assister le recteur, les conseillers et les étudiants sous peine du serment prêté et de huit deniers pour chaque absence ; ils étaient aussi tenus de se rendre, les jours des fêtes mobiles, aux sermons qui se disaient à trois heures.

Chaque second dimanche du mois de mai on célébrait une messe pour la confrérie de Sainte-Catherine, dans laquelle on faisait la présentation de quelque étudiant. Chaque écolier payait un gros ; les licenciés payaient un gros et un quart ; les docteurs en toute faculté payaient un gros et demi et portaient des cierges.

Le recteur, le trésorier et les conseillers de l'Université, ainsi que les nobles s'asseyaient sur les bancs de la chapelle, mais pas d'autres.

Pour la fête du *Corpus*, à la procession générale, le recteur faisait porter deux flambeaux munis d'un écusson à ses armes et celles de l'Université ; il les faisait ensuite remettre pour le service de la messe du Collège, car il était tenu d'honorer l'Université.

Le recteur, les étudiants, les conseillers assis sur les bancs, devaient tous les dimanches faire l'offrande, pour leur dévotion, sous peine de huit deniers pour chaque fois.

Le pain béni était donné par le recteur nouveau d'abord

et successivement par tous les conseillers, et ensuite par les
étudiants, suivant l'ordre, tous les dimanches; celui qui avait le
chanteau (quignon) de la fougasse (*cantellum fogaciæ*) devait
le donner le dimanche suivant sous peine du serment prêté et
d'un gros applicable à la messe, à moins d'une dispense légitime. Le recteur avait une part double d'un conseiller, et celui-
ci avait une part conséquente pour l'honneur du Collège. La
distribution de la fougasse était faite après la communion par
le bedeau général.

La *Conservatoria tabularum* était vendue au profit de la
messe et pour les affaires de l'Université, aux enchères publiques et au plus offrant.

CHARIVARI. — Le recteur, qui dans le temps de son rectorat, se mariait avec une femme vierge, payait, pour l'honneur
de Dieu et le service de la messe, deux cierges torses (*intorti-
tia*) du poids de deux livres chaque; s'il épousait une veuve,
il payait double, afin que Dieu les conservât dans le bien être.

Les docteurs et les licenciés faisant les lectures habituelles
dans l'Université, payaient en se mariant les frais comme le
recteur, qu'ils fûssent veufs ou qu'ils épousassent une veuve.

Un docteur agrégé ou non à l'Université se mariant dans la
ville ou ailleurs, mais habitant la ville, payait quatre florins
à la messe s'il épousait une fille, et le double pour une veuve.

Le licencié en payait trois pour se marier avec une fille et
six avec une veuve.

Les bacheliers et autres étudiants, qu'ils fussent praticiens
ou avocats, payaient deux florins en se mariant avec une fille,
et quatre avec une veuve.

Le bedeau lui-même était soumis à ces lois; il payait un ou
deux florins s'il se mettait dans l'un ou l'autre cas.

Si quelqu'un des sus-nommés refusait de payer ces droits
du charivari constitués pour la Messe, on faisait une exécution
contre lui, comme on avait l'habitude de le faire, et comme on
l'avait fait à Jourdan Abric, juge-mage de Provence, qui avait
refusé de payer; et dans ces exécutions on ne devait faire exception pour personne. Par ordre du recteur, le promoteur, de

concert avec les étudiants, faisait les exécutions contre les récalcitrants avec des poêles, des chaudrons, des trompes, en
poussant des cris dans des entonnoirs, et faisant un grand ta-
page sans porter dommage aux voisins. Et si les récalcitrants
n'arrivaient pas à composition, on déposait des immondices
devant leur porte à chaque jour de fête jusqu'à ce qu'ils eussent payé le droit du charivari et les dépens. A moins d'une
dispense spéciale, aucune prescription ne pourra l'empêcher,
il n'y aura lieu à aucune exception, attendu que cela tourne
au service divin.

FUNÉRAILLES. — Si un professeur, un docteur, un licencié,
un bachelier, un étudiant ou un membre juré de l'Université,
fut-il maître en médecine ou maître ès-arts, venait à entrer
dans le chemin de la chair universelle (*viam universæ carnis
intrare*) les exécuteurs testamentaires de ce défunt devaient
incontinent le notifier au bedeau général du collège, lequel
à son tour devait le faire savoir au recteur. Celui-ci ordonnait
alors de faire sonner la cloche trois fois au moins pour chaque
défunt; par exemple, si le décès avait eu lieu le soir et qu'on
dut l'ensevelir dans la matinée, la cloche sonnait à la première
heure de la nuit, le matin à l'aurore et ensuite quand le corps,
porté au tombeau, était livré à la sépulture ecclésiastique.

Les statuts prescrivaient que chaque membre juré de l'Université, gradué ou non, décédé dans la ville d'Aix, fut enseveli
dans la chapelle du collège à Saint-Sauveur s'il mourait *intes-
tat*, à moins qu'il n'eut un tombeau de famille.

Le recteur ou son suppléant, les docteurs régents, les professeurs, les licenciés, les bacheliers et les étudiants étaient
tenus d'accompagner le corps jusqu'à ce qu'il fut livré à la
sépulture ecclésiastique ; de là les amis retournaient à la maison mortuaire ; le bedeau avec le bâton (1) précédait toujours

(1) Dans les premiers âges de l'Université, le bedeau avait un bâton
(virga) pour insigne. Plus tard on lui fera porter la masse.

le recteur ou son suppléant, et si l'Université était en grand nombre, la nation à laquelle appartenait le défunt, suivait le cercueil, les autres le précédaient. Ceux qui avaient le même grade, marchaient autour de la bière ou la portaient.

Le bedeau venait le matin annoncer le décès dans les classes des régents au moment des lectures de la manière suivante : Il entrait dans la classe portant à la main un petit bâton blanc, et en frappait un coup sur le premier escabeau ; il s'avançait ensuite devant la chaire et disait : « Egrège et magnifique Monsieur, bon jour à vous et à votre vénérable compagnie, je vous fais savoir que M. X., membre de notre Université, est entré dans le chemin de la chair universelle et qu'il sera enseveli dans la chapelle du Collège, ou dans le couvent de..... à.... heures ; par respect pour lui, il ne sera pas fait de lecture à cette heure-là ; c'est pourquoi je vous en avertis de la part du recteur, sous peine du serment prêt   'n que vous soyez tous aux obsèques à l'heure dite ; sa deme.. est à tel endroit. »

La chapelle du collège, pour la messe dite en présence du recteur et du bedeau portant la masse, recevait six gros, si le défunt n'était pas noble, et un florin s'il l'était ; un florin aussi s'il était docteur régent, licencié d'une faculté quelconque, même des Arts. Le bedeau recevait 6 gros pour sa peine.

Si le défunt était notoirement pauvre au point de ne pas pouvoir être enseveli à ses frais, pour l'honneur de l'Université, celle-ci faisait les frais de la sépulture : cependant l'Université s'emparait de ses biens et comblait le déficit ; le recteur le faisait avec le consentement de ses conseillers ou de la majorité, après information préalable de la pauvreté.

Par ordre du recteur on mettait arrestation sur les biens des étudiants ou des membres jurés de l'Université défunts et ensevelis, afin de solder les dettes s'ils en laissaient.

A l'heure où se faisait la sépulture ecclésiastique, le Collège devait être fermé comme aux anniversaires de la mort du pape, des rois, des reines, de leurs enfants ou des sénéchaux récemment décédés.

Tous les ans, le lendemain de l'assemblée du Collège, on célébrait à Saint-Sauveur une messe solennelle en musique pour les âmes des fidèles qui avaient étudié dans la vénérable Université d'Aix. Le recteur, les régents, les docteurs, licenciés, conseillers, bacheliers et les membres jurés de toutes les facultés devaient y assister sous peine du serment prêté. A cette messe tous devaient faire l'offrande après leurs dévotions, et on plaçait la tempt avec le drap d'or et quatre torches *(ponatur la tempt* (1) *cum panno aureo et intortitiis quatuor)* sur lesquels l'église Saint-Sauveur n'avait aucun droit à prélever, puisqu'elle percevait l'offrande.

SERMONS. — Le clergé devait faire les sermons, savoir : les dimanches dans les couvents des Prêcheurs et des Augustins par ordre, et les jours sanctifiés dans les couvents des Mineurs et des Carmes, parce qu'ils étaient adjoints et agrégés à l'Université comme l'exigeait la bulle déposée aux archives du Collège, et à ces sermons étaient tenus d'assister le recteur, ou son suppléant, les docteurs, les licenciés, les bacheliers et les étudiants, sous peine du serment prêté.

LECTURES. — Dans l'Université on devait faire des lectures en théologie suivant la décision du recteur et des régents, savoir : des Prêcheurs, des Augustins, des Mineurs, des Carmes et des frères de Saint-Jean. Des lectures devaient être faites aussi en droit canonique et civil, en médecine et dans les arts libéraux.

INCORPORATION DES NOUVEAUX ÉTUDIANTS. — Tous ceux qui venaient à Aix étudier le droit canonique et civil, la théologie, la médecine ou les arts, devaient prêter serment au recteur dans le mois à partir du jour où ils commençaient. Si avant l'expiration du mois ils avaient besoin de jouir des privilèges de l'Université, ils le pouvaient ; mais le mois fini, ils n'y avaient plus droit et ils ne pouvaient pas prendre la qua-

---

(1) Que signifie *la Tempt* ? Je l'ai demandé à beaucoup d'érudits, je l'ai cherché dans beaucoup d'ouvrages, sans rien trouver. MM. Bedel, professeur au Grand-Séminaire d'Aix, et Mistral, philologue autant que poète, ont pensé avec moi que la tempt (tentorium, temptorium) devait signifier le catafalque

lité d'étudiants. Le recteur avait chez lui une matricule dans laquelle s'inscrivaient de leurs mains tous les jurés d'une faculté quelconque de l'Université, en mettant l'année, le mois et le jour, et ils juraient d'observer les statuts ; quand ils prenaient le grade de bachelier, ils indiquaient aussi la date avec le nom du docteur ou du régent qui les avait reçus.

Le nouveau-venu payait deux gros au Recteur, deux au trésorier pour l'Université et pour la messe, et deux au bedeau.

Le serment disait :

Moi X..., je jure à vous, M. le Recteur, que j'aurai pour vous et vos successeurs respect et considération, j'obéirai à vos ordres légaux et honnêtes; mandé par vous pour les affaires pendantes de l'Université, je viendrai et donnerai fidèlement aide et conseil en paroles et en actions; s'il survenait devant moi une querelle entre étudiants, aussitôt que je le pourrais, je vous le signalerais pour y apporter remède; je ne serai pas d'une société dans laquelle on tramerait quelque chose contre notre vénérable Université, et s'il arrivait à ma connaissance des faits dirigés contre elle, je vous en ferai part au plus tôt. Je m'efforcerai autant que possible de défendre et de maintenir les privilèges, libertés et immunités de l'Université, auxquels je ne ferai jamais opposition, ni n'alléguerai rien de contraire. J'observerai les statuts présents ou à venir. Que Dieu m'aide, et cela sur le saint Évangile.

Les nouveaux venus devaient s'inscrire sur la matricule de la manière suivante :

« En l'an 1414 et le pénultième du mois de septembre, moi X... de la nation de Bourgogne, étudiant en droit canonique et civil, sous tel docteur, j'ai juré d'observer les statuts de l'Université d'Aix et tout ce qui y est contenu. En foi de quoi j'ai signé de ma propre main en présence de tel recteur. »

Le recteur n'admettait personne à l'incorporation, ou à la prestation du serment, sans la présence du trésorier et du bedeau, qui devaient percevoir leurs droits ; sans cela il était tenu de les payer de ses propres deniers.

Les statuts défendaient à toute personne, même au faîte du doctorat ou du professorat en droit canonique et civil, ou gradée dans une faculté quelconque de changer de siège aux lectures sans en avoir demandé et obtenu la permission du recteur. Les étudiants qui feraient le contraire, et qui arriveraient aux lectures en agissant ainsi, seraient privés par ce fait ou par quelque sentence de toutes les immunités, libertés, privilèges et honneurs du Collège ; et ils ne pouvaient les récupérer ultérieurement qu'à la condition de mériter du recteur la grâce de la réconciliation. Ceux qui étaient admis après cela n'avaient pas besoin de demander la permission pour continuer; mais s'ils étaient exclus, ils ne pouvaient plus reprendre sans la susdite permission, quoiqu'ils fussent incorporés.

Le recteur pouvait accorder la permission ou le pardon, mais seulement après avoir pris l'avis de ses conseillers.

Rentrée des Classes. — Tous les ans pour la Saint-Luc, en l'église Saint-Sauveur, le clergé devait faire un sermon sur l'éloge des sciences. Le sermon fini, le bedeau annonçait à haute voix que l'on célèbrerait le lendemain la messe du Saint-Esprit dans la chapelle du Collège et publiait aussi les lectures des régents en théologie, des docteurs, des licenciés, des bacheliers et de ceux qui devaient en faire par extraordinaire cette année-là, afin que chaque lecteur put se mettre en mesure. Le bedeau devait faire cette annonce pour les jeunes savants délégués par le recteur et qui savaient bien et clairement parler.

Les régents, les docteurs et tous les membres de l'Université étaient tenus d'assister à la messe du Saint-Esprit et de faire l'offrande ; après la messe commençaient les lectures en théologie et les autres successivement. Nul n'était admis à faire des lectures en droit canonique, ou en toute autre faculté, en son nom propre, s'il n'était bachelier. Mais à défaut de bachelier, le recteur et les conseillers pouvaient, s'ils le jugeaient convenable, déléguer un étudiant capable, afin que la lecture de cette heure-là ne fut pas perdue.

Tous les ans après la fête de Pâques, chaque docteur faisant des lectures était obligé de faire, suivant l'ordre et suivant le grade, une répétition publique dans sa classe; et ils étaient obligés de discuter une question avant le dimanche des Rameaux. Lorsqu'un des lecteurs discutait sa question, les lectures cessaient dans les autres classes afin que tous les écoliers pussent assister aux discussions.

Pour poser des questions dans les classes, on observait l'ordre suivant : d'abord le docteur, qui voulait discuter une question, la donnait par écrit au bedeau général pour la publier dans les classes; trois jours après on la discutait un matin dans la classe de celui qui l'avait posée, et quand les étudiants avaient débité tous leurs arguments, la question était résolue dans la huitaine par le docteur qui l'avait faite poser; puis dans l'espace de trois jours la question, ainsi discutée et résolue, était remise au bedeau chez lequel les étudiants pouvaient en prendre connaissance, s'ils le voulaient.

Il était expressément défendu à tout régent ou gradué d'une faculté quelconque de prier les écoliers ou de donner de l'argent pour venir l'entendre. Celui qui ferait le contraire, pourrait se regarder comme privé de lectures; si par caprice les étudiants voulaient l'entendre, ils pouvaient faire à leur guise.

BACCALAURÉAT. — Aucun bâtard ne pouvait être admis au baccalauréat dans l'Université d'Aix, à moins d'une dispense suffisante; s'il en était fait autrement, le grade devait être considéré comme non avenu.

Nul ne pouvait être admis au baccalauréat avant cinq ans d'études dans la faculté de droit canonique et civil, et quatre dans les autres facultés; il devait avoir ses livres de texte au complet, ce dont il était tenu de faire la preuve au recteur par témoins ou par serment. S'il était admis, il était obligé de lire publiquement dans le collège une loi ou un chapitre avec sommaire et au besoin avec les glosses notables; le recteur et le conseil pouvaient d'après cela le dispenser des premières et il était alors incorporé.

Nul n'était admis au grade de bachelier en droit, en médecine ou ès-arts, s'il n'avait au préalable payé les droits de l'Université au trésorier, à moins d'être notoirement pauvre et réellement capable ; pour des causes bien déterminées, le recteur et son conseil pouvaient accorder une dispense des frais.

Le candidat avait à payer pour les droits de l'Université dans une faculté quelconque et pour le droit de la messe 1 florin et 3 gros.

Pour le droit du recteur et le sceau de chaque faculté 1 flor.

Le recteur avait ce droit pour le sceau, pour sa peine et pour son jugement ; il écrivait de sa main à la fin des lettres « *sigillentur* », et les scellait avec de la cire verte et le sceau du collège, sur lequel était la figure du recteur assis avec un chaperon au cou.

Pour le docteur qui lui avait fait les lectures et l'avait présenté conjointement avec le recteur « *pro perdicibus* » 6 gros.

Au bedeau, pour l'annonce dans chaque faculté, 6 gros, et pour ses lettres, .. gros.

Le bedeau général détenait une matricule dans laquelle chaque bachelier, docteur, licencié et régent était tenu d'apposer sa signature immédiatement après l'admission et d'indiquer l'an, le mois et le jour qu'il avait reçu le grade de bachelier, ou tout autre, sous M. un tel... docteur, et il prononçait le serment.

Si un candidat au baccalauréat voulait avoir la masse avec le recteur et les étudiants, il devait intercéder auprès du recteur pour qu'il lui fît l'honneur de l'accompagner avec son docteur, de sa maison jusqu'au Collège. S'il ne voulait pas donner cette publicité et qu'il fut suffisant, le recteur et le conseil pouvaient l'en dispenser pour des causes déterminées ; et s'il voulait donner un déjeuner ou une collation au recteur, à son docteur, aux étudiants et aux bedeaux, il le pouvait, mais n'y était pas forcé.

Les bacheliers prêtaient le serment suivant :

Moi X..., je jure à vous, recteur, et à vos successeurs entrant canoniquement, de vous porter perpétuellement respect et considération, d'obéir à vos ordres dans les choses permises et honnêtes, et d'observer toujours et inviolablement les statuts, les coutumes, les libertés et les privilèges présents ou à venir du Collège. Que Dieu m'aide, et je le jure sur le saint Evangile.

Tout bachelier, faisant des lectures en droit canonique ou civil, ou dans une autre faculté, était tenu tous les ans et au début, de payer au bedeau général pour sa quote-part au moins . . . . gros.

Les bacheliers qui complétaient leurs cours, pouvaient être admis à l'examen privé des docteurs, soient qu'ils eussent fait des lectures dans l'Université, soit ailleurs dans les écoles publiques, et ils étaient promus de la manière suivante.

Licence. Examen des mœurs. — Nul individu de mauvaise vie, notoirement décrié par une fréquentation dépravée et corrompue ou pour un autre motif grave, ne pouvait en aucune manière être admis à l'examen des mœurs qui précédait l'obtention du grade de licencié en chaque faculté, sans une dispense légitime. S'il arrivait qu'entre cet examen de mœurs et la concession du grade, ces choses-là parvinssent à la connaissance du chancelier ou de son remplaçant, le candidat, quelle que fut la capacité dont il eut fait preuve à l'examen, ne pouvait être admis à la licence, jusqu'à ce qu'il eut démontré son innocence, ou qu'il se fut disculpé de ces accusations.

Les statuts défendaient à tout docteur de prier ou de faire prier un bachelier de venir passer l'examen public ou privé devant lui; mais chaque candidat pouvait choisir le docteur devant lequel il aimait mieux passer son examen de licence (1).

Nul n'était admis à l'examen privé des docteurs en droit canonique ou civil, s'il n'avait fait des lectures pendant cinq ans, ou au moins soutenu un concours public.

Celui qui voulait passer l'examen des mœurs pour ensuite subir l'examen privé des docteurs en la faculté de droit canonique et civil, devait se présenter au recteur en compagnie de

(1) Ce docteur prenait le nom de *paranymphe : qui gradum licentiarum accepturos ad cancellarium deducebat.* (Du Cange).

son docteur et de deux ou trois étudiants seulement; alors le docteur exposait de quelle manière M. un tel, bachelier, là présent, entendait subir l'examen des mœurs et de naissance pour être admis à subir l'examen privé, et il suppliait le recteur de vouloir bien l'y admettre.

Le Recteur admettait le présenté à l'examen des mœurs, s'il le jugeait à propos, et assignait le jour et le lieu de cet acte dans la chapelle du Collége, après la descente des docteurs vers les trois heures, ou comme bon lui semblait.

A cet examen devaient assister le recteur et tous les docteurs régents avec les agrégés à l'Université; cependant si plusieurs ne pouvaient s'y trouver, la présence de deux régents serait nécessaire; quant aux agrégés qui n'y seraient point, ils ne pouvaient plus se trouver à l'examen des mœurs privé ou public.

Le recteur faisait annoncer de bonne heure par le bedeau le jour, l'heure et le lieu de cet examen aux intéressés. Si un docteur ou un agrégé, sans excuse valable refusait d'y assister, il perdait ses droits habituels de l'examen privé.

Au jour dit, on se rendait au lieu assigné et là le docteur, qui présentait le bachelier présent, exposait de quelle manière celui-ci voulait subir l'examen des mœurs et autres suivant les statuts. Alors le recteur, de concert avec les docteurs, daignait l'admettre lui et ses témoins à l'examen des mœurs et de la naissance. Ensuite le candidat et ses témoins, après avoir prêté serment entre les mains du bedeau notaire (1) devaient être interrogés et répondre sur les questions suivantes :

1° Sur la naissance, — s'il était, oui ou non, issu d'un mariage légitime. Si on répondait non, on ne poussait pas plus loin l'examen, parce que même admis il devait être refusé, à moins d'exhiber une dispense suffisante.

2° Avait-il étudié pendant le temps exigé par les statuts, ou fait un concours public? Un non entraînait le refus.

3° Etait-il d'une vie et d'une fréquentation honnêtes? — Non, — refusé.

(1) Le bedeau était à cette époque greffier ou notaire de l'Université. Il avait de l'instruction et enregistrait les actes du collége.

4° Avait-il les livres nécessaires ? — Non, — refusé.

5° S'il déclarait vouloir être dispensé du temps d'étude, on lui demandait son âge, s'il avait soutenu un concours public, et s'il avait été gradué dans une autre faculté, auxquels cas il y avait lieu à dispense (1).

6° Le Recteur et les docteurs pouvaient encore lui poser d'autres questions.

Dans la pluspart des cas pour l'honnêteté de la vie, des mœurs et de la fréquentation, on s'en tenait au dire des témoins et non pas au serment du candidat lui-même; pour les autres questions, son serment suffisait, si le recteur et les docteurs le jugeaient convenable.

Si le candidat était trouvé idoine pour toutes les questions, le recteur lui faisait cette admonestation : « Les docteurs et moi nous sommes contents de votre examen et nous approuvons vos mœurs et votre naissance : nous supplions le chancelier de vous admettre aux examens ultérieurs dont nous vous concédons la clef. Mais si on trouvait tel ou tel défaut dans ce bachelier, on ne l'admettait pas aux honneurs afin que l'Université ne pût pas être blâmée pour lui.

Le bachelier ainsi approuvé, ou en tout cas dispensé, était conduit chez le chancelier auquel il était humblement présenté par le docteur son parrain, et auquel on remettait l'avis du recteur et des docteurs, le procès-verbal de l'examen des mœurs et de la naissance, avec l'approbation ou la dispense. Cela fait, le parrain suppliait le chancelier de vouloir bien admettre son candidat à subir l'examen privé ou rigoureux pour obtenir la licence dans sa faculté, de lui ouvrir le conclave du collège des docteurs et de lui assigner le jour pour la dation des points et l'examen.

Le chancelier, après avoir soigneusement examiné les rapports du recteur, admettait l'étudiant à l'examen privé ou rigoureux, lui donnait accès au conclave, lui assignait le jour pour la dation des points dans la chapelle du collège et pour l'examen, et s'il voyait un cas de dispense, il l'octroyait, ou bien, après avoir tout considéré, il pouvait la refuser.

(1) Voir la note de la page 122.

Une fois admis, le candidat était tenu d'aller rendre visite avec son parrain et les étudiants qu'il avait choisis, au chancelier, aux professeurs des couvents et aux docteurs des facultés de droit et de médecine, ainsi qu'à l'assesseur et aux syndics présents dans la ville, et aux agrégés de l'Université, afin que le lendemain matin à l'heure hab. uelle, ils pussent se trouver dans la chapelle du Collège, en l'église Saint-Sauveur pour la dation des points suivant l'usage consacré.

Dans la visite qu'il devait faire aux docteurs après déjeûner, le bachelier devait s'abstenir de parler du point général et des autres ; si le parrain le lui permettait, il serait sévèrement admonesté par le chancelier en présence des docteurs, à moins d'en être dispensé par le chancelier, ou bien d'être noble, d'avoir un état noble ou d'être en dignité.

Les docteurs ainsi visités ne devaient pas faire défaut, à moins d'un empêchement légitime, sans quoi ils étaient privés *ipso facto* des droits qu'ils auraient eu pour l'examen de licence.

Le candidat ne devait point commettre de fraude au sujet des points secondaires qui lui avaient été donnés; s'il le faisait, le chancelier ou son remplaçant devait l'exclure ou le priver du grade qu'il avait déjà reçu, ou le punir autrement à son gré.

Au jour fixé, les étudiants conduits par le bedeau, allaient chercher le recteur et les docteurs et les menaient à la chapelle du Collège pour la dation des points. On célébrait alors la messe du St Esprit : le bachelier et son parrain, toujours les premiers, se tenaient avec un escabeau à genoux devant l'autel, au milieu de la chapelle tout le temps de la messe, et chaque docteur devait verser à l'offrande un patac payé par le bachelier et distribué par le bedeau.

La messe dite, le recteur et les docteurs se rendaient à l'endroit désigné pour la dation des points, et ils devaient être au nombre de trois ou quatre au moins. Le chancelier présidait.

On présentait d'abord les livres, dans lesquels les points devaient être donnés, au chancelier, qui les prenait, les ou-

vrait, les tournait, les retournait et les examinait avec beaucoup de soin pour s'assurer qu'il n'y avait aux extrémités ni
paille, ni feuillet, ni papyrus, ni parchemin ou autres signes
qui pussent se rapporter à des points choisis à l'avance. S'il en
trouvait, il les enlevait et faisait donner les points dans une
autre partie du livre.

Le chancelier, après s'être assuré que les livres ne renfer-
maient aucune marque, choisissait deux docteurs qui lui ins-
piraient le plus de confiance pour assigner au bachelier de
bonnes questions. Il remettait un livre à chacun d'eux et ceux-
ci, qui craignaient d'offenser autant Dieu que leurs conscien-
ces, donnaient de sérieuses questions qui eussent de la ma-
tière et une grande importance.

Pour éviter la fraude, le docteur désigné ne pouvait pas
faire plus de trois tours (*tres revolutiones*), mais avant ou
après ces trois tours ou un autre, il assignait pour question au
bachelier une décrétale, un décret ou une loi qui lui tombait
sous la main.

Les questions une fois données, le bedeau était tenu de les
écrire sur des bulletins et de les porter incontinent et de bonne
heure à chaque docteur ou agrégé en ville afin qu'ils eussent
le temps de les étudier toutes.

Le lendemain, à la première heure ou peu après, on sonnait
la cloche du collège, pendant ce temps les docteurs devaient se
réunir, et à la deuxième l'examen commençait. Le bachelier
et son parrain se trouvaient dans le local désigné.

Pour l'examen tous les docteurs du collège étaient convoqués; la présence de quatre ou trois était indispensable; s'ils
ne pouvaient venir, le candidat devait faire en sorte qu'il y en
eut trois au moins, à l'exception de son parrain, sans cela il
ne pouvait être approuvé.

Le bachelier ne devait pas faire de harangue dans cet examen, si ce n'est pour invoquer la puissance divine et se recom-
mander aux personnes présentes; et pour ne pas détourner du
but principal, il devait être très bref et mettre de côté les
éloges.

Le candidat devait expliquer la totalité du premier point; et s'il y avait un point dans le décret en cause, il devait lire en entier et faire ressortir le thème du motif de la question, les questions de ce motif au moins jusqu'à la question inclusivement dans laquelle le chapitre du point avait été assigné. Sa lecture devait être correcte de manière à montrer ce qu'il avait compris.

Cette lecture finie, avant de passer outre, les docteurs faisaient dans le conclave une collation avec des épices, du vin blanc et du vin rouge.

Chaque docteur, usant de sa prérogative, devait argumenter et se contenter de deux arguments ou deux questions, ainsi que de deux répliques s'il le voulait, à moins que le président n'en accordât une autre aux autres.

L'examen fini, le candidat et son parrain se retiraient, le chancelier restait avec ceux qui avaient pris part à l'acte, chaque docteur écrivait lui-même sur un feuillet son approbation ou son refus, et le remettait entre les mains du chancelier dans son bonnet, suivant l'usage. De cette manière le vote était secret et le contenu ne pouvait être surpris par personne.

Nul docteur ne devait approuver un candidat indigne pour le temps de la licence, sous le prétexte qu'il devait lire à l'avenir pendant quelques années, par exemple en disant : « Je l'approuve, mais il faut qu'il fasse des lectures pendant deux ans », car il ne satisfait pas ainsi au serment du doctorat, et qu'il a juré de voter sur la suffisance ou l'insuffisance du candidat selon Dieu et la conscience. Ce ne serait pas, en effet, se mettre à l'abri du parjure que d'imposer l'honorable fardeau de la lecture à un candidat qu'on n'a pas jugé digne de son suffrage ; la dispense du chancelier et des docteurs pourrait seule dégager du serment (1).

Suivant la coutume depuis longtemps observée, le chancelier, s'il était présent, ou son remplaçant, recevait les bulletins

(1) Pour cette phrase et celle que j'ai signalée à la page 119, dont la traduction me paraissait hérissée de difficultés, j'ai eu recours aux lumières de mon ancien condisciple, M. Régismanset, inspecteur d'Académie, dont le savoir égale la modestie.

de vote, recueillait la majorité et annonçait devant eux, à haute voix si le candidat était approuvé ou refusé à la majorité, ou s'il était reçu à l'unanimité (*nemine discrepante*). Si l'admission était prononcée, le président disait au bachelier : Nous vous recevons dans la faculté pour laquelle vous avez été examiné, en vous approuvant et vous déclarant approuvé et en chargeant votre parrain de vous conférer la licence de faire des lectures, des interprétations, des gloses et autres choses pour le solennel principe, quand il vous plaira, dans cette faculté.

Quand l'admission était prononcée au sein du conclave du collège des docteurs, le chancelier sortait avec le recteur et les docteurs ; ils allaient dans la salle de l'Université où l'on avait préparé des escabeaux et une petite table devant le chancelier et le recteur et à laquelle étaient conviés le parrain et le licencié seulement. Les autres docteurs s'asseyaient sur les escabeaux ordinaires suivant la prérogative de leurs grades. Pendant ce temps les violons, les hautbois ou autres musiciens jouaient des airs, jusqu'à ce que tout le monde fut assis. Alors devant le public assemblé, le parrain faisait dans une harangue succinte l'éloge des sciences, du licencié, disait la manière dont son protégé avait été approuvé, lui conférait la licence de faire des lectures, des gloses, des interprétations, de fermer et d'ouvrir le livre, et requérait le chancelier et le recteur de l'admettre au serment, de le recevoir comme fils de l'Université et de l'agréger comme bien méritant. Immédiatement, le licencié remerciait seulement du bienfait qu'on venait de lui accorder, sans faire de harangue. Il prêtait le serment et on faisait une collation avec des épices, du vin blanc et du vin rouge.

Le licencié se mettait à genoux et prononçait le serment suivant :

« Moi, X..., je jure à vous chancelier et à vos successeurs canoniquement nommés, à vous recteur et à vos successeurs, que je serai obéissant et fidèle et que j'aurai pour vous respect et considération. Je jure que s'il m'arrivait de vouloir obtenir un grade, je ne le recevrais que dans cette vénérable Université, et je ne prendrais mon doctorat que sous celui qui m'a servi de parrain à l'examen privé.

Je jure de conserver l'honneur, l'avantage, l'utilité, les coutumes, les statuts présents et à venir, et les libertés de notre Université, de pousser autant que possible à son augmentation; je ne serai point d'une société dans laquelle on tramera quelque chose contre elle, et si cela parvenait à ma connaissance, je le ferais savoir au chancelier et au recteur. Ainsi que Dieu m'aide, et je le jure sur le saint Evangile que je touche de mes mains ».

Quand cette cérémonie était achevée, le licencié payait au chancelier, au recteur, aux docteurs et aux personnes nobles et honnêtes présentes dans la salle une collation avec des épices, du vin blanc et du vin rouge, comme il l'entendait, suivant la coutume.

En retournant à sa maison il pouvait se faire accompagner par qui il voulait, et avoir des trompettes, des hautbois et autres musiciens, comme il lui semblait bon pour son honneur.

Frais de Licence. — Tout bachelier qui subissait l'examen de licence, et qu'il fut admis ou refusé, était tenu au préalable de payer au trésorier un ducat de Florence pour chaque grade et 6 gros pour la messe ; au chancelier, au recteur et au parrain deux écus d'or à chacun ; à chaque docteur qui assistait à l'examen, pourvu qu'il fut agrégé un écu d'or, — au bedeau pour ses peines 3 florins.

Si un candidat à la licence prenait pour parrain un docteur qui ne fit pas de lectures et ne fut pas agrégé, il était tenu de donner au docteur qui lui avait fait les lectures depuis le baccalauréat, outre le droit ci-dessus mentionné, une livre d'épicet, de confitures et une torche de deux livres.

Nul bachelier ne pouvait être admis à l'examen privé ou rigoureux, s'il n'avait soldé les droits susdits aux susmentionnés, et l'argent devait être consigné entre les mains du trésorier du conclave du collège des agrégés, ou entre les mains de l'un d'eux ou du bedeau, ou bien il devait donner des gages, sinon on pouvait mettre ses livres en consignation chez le bedeau pour les droits ci-dessus.

Si un docteur étranger ou un autre de la ville d'Aix avait pris ses grades ailleurs que dans cette Université, il ne pouvait pas faire partie des examens, prendre part aux votes de licence, ni entrer au conclave du collège des docteurs, à moins de payer la moitié des droits qu'il eut acquittés s'il avait pris ses grades à Aix, moyennant quoi il était autorisé par les docteurs du collège.

Au reste les statuts voulaient qu'il n'y eut qu'un trésorier élu par le chancelier, le recteur et les docteurs et chargé d'exiger leurs droits et ceux de l'Université avant l'entrée du candidat dans le conclave et quelque dut être le résultat de l'examen privé et rigoureux ; car on avait été trompé plusieurs fois par des bacheliers, qui après le résultat de l'examen s'étaient retirés sans dire bonjour (*discedevant hospite insalutato*) et sans avoir acquitté les droits. Ainsi donc tout bachelier, qui ne payait pas au trésorier les droits susdits, devait être impitoyablement repoussé, quelle que fut sa dignité ou sa condition, car personne n'est tenu de gérer à ses frais, les affaires d'autrui.

Le trésorier du collège des docteurs était tenu de remettre les droits de l'Université au trésorier général.

DOCTORAT. — Le bachelier examiné et reçu licencié, qui voulait être publiquement examiné et faire son solennel principe, devait en prévenir le chancelier et le recteur et prendre jour pour faire ses prémisses selon leur bon plaisir.

Deux jours avant le jour fixé pour faire le solennel principe ou examen public, le candidat, accompagné de son docteur et de quelques étudiants choisis par lui, allait rendre visite au chancelier, au recteur, aux professeurs des quatre ordres mendiants, aux deux syndics, aux grands officiers royaux s'il y en avait, et aux personnes notables de la ville en les priant de vouloir bien assister à l'acte.

La veille, le bedeau annonçait dans les écoles que M. un tel ferait son principe le lendemain en l'église Saint-Sauveur, et les priait tous de l'honorer de leur présence et par respect il n'y aurait pas de lectures ce jour-là. La cloche devait sonner le soir après l'*Ave Maria*, et le matin aussi à l'aurore.

Au jour dit, pendant la célébration de la Messe et avant la préface de l'élévation, arrivaient le candidat, le recteur, les professeurs, les licenciés, les bacheliers et toute l'Université, ainsi que les notables invités, avec les trompettes et autres musiciens; quelques-uns portaient des livres devant le cortège. Quand tout ce monde était installé, le candidat, avec la permission du chancelier, montait dans une petite chaire placée devant celle du chancelier au milieu de l'église et l'acte commençait. Le docteur, qui devait remettre les insignes doctoraux au candidat, montait sur une autre chaire. Le licencié lisait alors une loi, un décret solennellement, en déduisait deux questions, les argumentait toutes les deux, en choisissait une et répondait aux adversaires.

La lecture finie, deux bacheliers capables, placés sur les degrés du petit chœur, l'un à gauche l'autre à droite en face des chaires, argumentaient les deux questions posées par le candidat : un discutait la première et l'autre la seconde, chacun par deux moyens contre la question choisie. Le candidat répondait à ces arguments suivant la volonté du chancelier.

Après ces réponses, le chancelier demandait au recteur et aux docteurs présents si le candidat était digne de recevoir le doctorat, et si la réponse était affirmative, le chancelier imposait silence, donnait l'ordre au parrain de conférer les insignes, et celui-ci, dans un discours soigné et basé sur les canons et sur les lois, lui accordait la permission de recevoir les insignes doctoraux et de faire ensuite des lectures, d'enseigner, de gloser, d'interpréter, de statuer dans la Faculté et d'exercer tous les actes doctoraux ici et dans tout l'Univers. (*Licentiam legendi, docendi, repetendi, glossendi, interpretandi et edendi in Facultate de qua est, et alios actus doctorales exercendi hic et ubique terrarum*).

Alors le candidat, s'adressant à son docteur, toujours dans un discours soigné et basé sur les canons, les lois et autres écrits authentiques, lui demandait la chaire, le livre, le bonnet huppé, la ceinture dorée, l'anneau d'or, le baiser et la bénédiction, comme c'était l'usage, et cette solennité ne devait pas être dédaignée; car elle servait à faire connaître l'éloquence du nouveau docteur.

Comme dans les études universitaires il y avait trois grades, les bonnets du docteur et de son parrain devaient être ornés de trois houppes en fil de soie, car ceux qui avaient la maîtrise en théologie portaient la houppe de soie blanche, signe de la divinité de la théologie; les maîtres en droit canonique la la houppe verte en signe de chasteté et de doctrine; les maîtres en droit civil la houppe rouge en signe de la vraie justice et du sang. Les médecins avaient la houppe violette.

Le bedeau portait sur sa masse le bonnet huppé du candidat depuis sa maison jusqu'à l'église où il devait lui être remis par son docteur; il marchait devant le recteur qui l'accompagnait. Le parrain devait avoir son bonnet garni d'une houppe colorée suivant la Faculté du candidat; et si celui-ci se présentait pour l'un et l'autre droit, la houppe était mixte, de soie rouge et verte.

Après la harangue du nouveau docteur, son parrain, après lui avoir adressé quelques paroles élogieuses, lui accordait la licence doctorale et les insignes dans l'ordre demandé en expliquant le motif de chacun : ainsi il lui donnait :

La *chaire* en signe de perfection et de savoir acquis;

Le *livre fermé* avec pouvoir de faire des lectures, parce qu'il était savant et en signe de la sagesse renfermée dans son cœur;

Le *bonnet rond* en signe de vraie justice et de couronne acquise dans le combat «Flori» (*in flori certamine*), car il devait être exempt de fourberie et de mauvaise foi;

La *ceinture dorée* pour être ceint d'honnêteté; l'*anneau d'or* en signe de véritables fiançailles légales, pour qu'il ne corrompe pas le droit, qu'il dise la vérité, et qu'il regarde la science comme sa véritable épouse;

Le *baiser de paix* pour qu'il entretienne la paix entre ses prochains et entre ceux qui viendront le consulter. (Il y a bien longtemps que ce baiser de paix ne se donne plus aux élèves de Thémis; aussi l'effet de sa disparition se fait-il sentir sur les pauvres plaideurs).

Il lui donnait enfin la *bénédiction* afin que ses œuvres fussent agréables et bénies.

Et cela fait, le parrain disait : « *talia feci quod omnia feci*, et je vous ai accordé le grade à la louange, la gloire et l'honneur de celui qui vit et règne dans les siècles des siècles. Amen. »

Le nouveau docteur prêtait le serment suivant :

Je jure à vous chancelier et recteur que je vous serai fidèle, ainsi qu'à vos successeurs nommés canoniquement, je conserverai l'honneur, l'avantage, l'utilité, les coutumes, les statuts et les libertés de notre vénérable Université ; je ne serai point d'une société dans laquelle on tramerait quelque chose contre son utilité, et si cela parvenait à ma connaissance je le notifierais au chancelier ou au recteur ou à leur suppléant.

Je jure de maintenir, défendre et favoriser notre Université, et de travailler ici et en tous lieux pour son développement et son honneur, et s'il m'arrive d'assister à l'examen public ou privé de quelqu'un, je voterai sur sa capacité ou son insuffisance selon Dieu et ma conscience, en faisant table rase de la rancune, de la peur, de l'affection et des présents. J'observerai les statuts présents et à venir. Et je jure tout cela sur le saint Évangile que je touche de mes mains.

Cette cérémonie achevée, tous accompagnaient le nouveau docteur jusqu'à sa maison avec les trompettes, les hautbois et autres musiciens.

Le lendemain il devait visiter les professeurs et les docteurs et descendre s'il le jugeait convenable.

FRAIS DE DOCTORAT. — Si le candidat voulait habiller de neuf le docteur son parrain, il devait le faire avec le même drap que pour lui-même; s'il ne voulait pas, il était tenu de lui payer pour son droit deux ducats de Florence et un bonnet pour son serviteur.

Il payait au chancelier un bon bonnet avec des gants convenables, plus deux florins.

Il pouvait, s'il le voulait, habiller le bedeau d'un vêtement
qui lui convint, avec le chapeau; sinon, il lui payait pour ses
peines et son droit cinq florins intégralement et un bonnet.

Outre cela il donnait des bonnets bons et suffisants et des
gants en abondance à tous les docteurs et professeurs de chaque faculté, aux chanoines de la cathédrale, aux syndics de la
ville ainsi qu'aux syndics du collège de l'Université et au trésorier. Il donnait aussi des gants, mais en nombre limité, aux
personnes notables et aux étudiants présents à l'acte doctoral.

Mais comme l'avarice est souvent cause que l'on est mal
servi, les statuts exigeaient que nul candidat ne pouvait être
admis à recevoir les insignes doctoraux, qu'il n'eut au préalable montré les bonnets et les gants au recteur et à un docteur
choisi par ses collègues et deux conseillers de l'Université.
Ces messieurs, au nombre de quatre, devaient s'assurer que les
présents étaient suffisants en qualité et en quantité. Pendant
cette vérification, le candidat se tenait nécessairement debout,
pour éviter la fraude, et, en présence de ces messieurs, il faisait livraison des objets au bedeau général chargé d'en faire
la distribution de concert avec un conseiller qu'on lui adjoi-
gnait. S'il refusait d'obéir on ne l'admettait pas au grade; on
en faisait de même pour la maîtrise. Le recteur veillait à ce
qu'il ne se commit ni fraude, ni tromperie : il était respon-
sable.

Le candidat au doctorat était en outre tenu de payer à
l'église Saint-Sauveur, tant pour la préparation du siège que
pour la sonnerie de la cloche du collège, 6 gros pour la sacristie et 6 gros pour le carillonneur, plus des gants.

Il devait payer un bon repas aux professeurs et aux docteurs, et puis avoir des dames et des tambourins (*et post pran-
dium habere dominas et tamborinos*).

Après ce qui vient d'être dit sur les grades à obtenir en
droit canonique et civil et autre faculté, il faut parler maintenant de la théologie.

9

GRADES EN THÉOLOGIE. — Les statuts portent que les membres des quatre ordres conventuels, ainsi que les religieux de Saint-Jean et autres séculiers pouvaient recevoir leur grade dans cette Université puisqu'ils y étaient agrégés.

Dans chaque école de théologie, surtout dans celles tenues par des religieux il devait y avoir un professeur régent, un bachelier, un maître des étudiants et un bibliste (1), si la faculté du couvent le comportait ; s'il venait un personnage extraordinaire, il n'y était admis qu'avec l'autorisation du Pape.

Nul d'entre eux ne pouvait être agrégé à l'Université d'Aix s'il avait pris ses grades dans un autre centre universitaire, à moins d'une permission du chancelier et du recteur de concert avec les révérends professeurs, et il était tenu de payer le moitié des droits qu'il aurait payés à notre Université, à moins d'une dispense analogue à celle des agrégés en droit canonique et civil.

Les théologiens prêtaient le serment suivant :

« Moi X... maître, licencié ou bachelier, je jure à vous chancelier et recteur, et à vos successeurs nommés canoniquement d'être obéissant et fidèle à vos ordres licites et honnêtes ; je maintiendrai l'honneur, l'avantage et l'utilité de votre Université ainsi que du chancelier et du recteur ; je ne serai point d'une société où l'on tramerait quelque chose contre l'honneur de l'Université, et s'il parvenait quelque chose à ma connaissance, je vous le notifierais ; je la maintiendrai, je la défendrai, je la favoriserai et je travaillerai toujours à son développement dans la mesure de mes forces ; je jure de m'en rapporter aux maîtres et aux licenciés plus anciens en grade, de me contenter de mon grade et du lieu qui me sera assigné ; s'il m'arrivait de m'absenter et que l'Université eut besoin de moi pour faire des lectures, des actes, pour le conseil ou

(1) C'était le théologien qui interprétait les saintes écritures dans les écoles.

pour aider, je viendrais au premier appel qui me serait fait par le chancelier ou le recteur, et j'observerai les statuts présents et à venir. Que Dieu m'aide et je le jure sur le saint Evangile. »

Le bachelier jurait en outre de ne pas recevoir dans une autre Université les insignes de la maîtrise et de ne pas demander d'être dispensé de ce serment.

LICENCE. — Tous les bacheliers en théologie devaient faire leurs premiers *principes* (1) dans le mois de septembre, ou comme il semblait convenable au recteur après avis des régents ; de même pour les autres principes ; et nul d'entre eux ne pouvait commencer sa lecture sans avoir répondu au régent sur la question *tentatoria*, à moins d'une dispense ; il devait aussi faire les protestations solennelles.

Le bedeau général était tenu d'assister à tous les principes, et il devait s'y trouver de bonne heure de manière à pouvoir dire à tous ceux qui allaient faire l'acte : « vous allez prendre les baies de laurier (*baccalaureæ*) au nom de Dieu et de la glorieuse Vierge », et il devait assigner la place sur les escabeaux à ceux qui venaient assister cet acte.

Le matin il se rendait, un bâton à la main, dans les écoles à l'heure des lectures, annoncer le jour et l'heure du principe désigné, et cela sous peine de privation de son traitement, par la raison qu'il était chargé d'annoncer les actes qui lui incombaient.

Pour éviter les discussions et les contentions et honorer chacun selon son ordre, le bedeau plaçait les candidats sur les sièges dans l'ordre suivant : premier le candidat des frères Prêcheurs, 2e celui des Mineurs, 3e celui des Augustins, 4e celui des Carmes, et s'il y avait des séculiers, le bachelier de Saint-Jean avait la préséance.

Tous ceux qui devaient faire des actes et prendre leurs gra-

(1) Le *principe* était l'acte théologique que l'on devait faire pour obtenir le grade de docteur.

des dans la faculté de théologie, devaient le faire au jour d'audience (*in die juridica*) et tous les bacheliers présentés étaient tenus d'y assister.

Ceux qui voulaient faire leurs principes, ou répondre à leur régent, étaient obligés, suivant la coutume, de poser des billets sur les portes publiques, afin que ces actes ne fussent pas clandestinement faits ; et il en était de même des sermons faits *ad clerum* par M. un tel dans une telle église.

Les principiants allaient faire une visite au recteur et le prier de vouloir bien avec les étudiants honorer leur acte ; et le jour de chaque acte ils devaient payer une fête à leurs régents, au bedeau général, à leurs collègues et à leur couvent.

La lecture finie, chaque principiant faisait la preuve de la manière dont il avait répondu à chaque régent sur la question.

Lorsque les quatre principes étaient terminés, le bachelier était présenté au chancelier par le régent devant lequel il avait parfait ses lectures. Celui-ci exposait que son candidat désirait recevoir les points avec le bon plaisir du chancelier et du recteur et qu'il le croyait digne d'être admis. Le chancelier devait admettre le candidat puisqu'il avait fait tout ce qui vient d'être dit, et il lui assignait le jour et heure fixes pour la dation des points.

Le bachelier se rendait alors chez le recteur pour lui indiquer la décision du chancelier et le prier de vouloir bien l'accompagner avec les étudiants au lieu de l'examen.

Tous les régents agrégés présents dans l'Université, pouvaient assister à la dation des points, mais la présence de deux au moins était nécessaire.

Les deux régents et les autres examinaient suivant le rôle, afin qu'il fut rendu à chacun l'honneur qui lui était dû. Le chancelier pouvait cependant en nommer d'autres, s'ils faisaient des actes scholastiques dans l'Université.

Les points étaient donnés par deux révérends professeurs auxquels le chancelier recommandait d'éviter les fraudes.

L'un d'eux assignait au premier bachelier pour premier point une question dans le premier livre des Sommes « *Summarum* » ; l'autre donnait le second point dans le troisième

livre. — Le second bachelier recevait ses points de la même
manière dans le second et le quatrième livre; ainsi de suite
jusqu'à ce que les points fussent tous distribués.

Quant à l'examen, ne pouvaient y assister que les régents
agrégés à l'Université, le chancelier, le recteur et quatre régents avec droit de vote.

Les révérends professeurs, qui assistaient à l'examen, devaient ne tenir aucun compte des faveurs et refuser le candidat s'il le méritait, sous la foi du serment par eux prêté. Si au
contraire leur conscience leur dictait de le recevoir, ils devaient le faire de l'une des quatre manières suivantes : par
rigueur, par justice, par équité ou par grâce. Et réunis en
conseil ils décidaient la manière par laquelle le chancelier
faisait connaître leur réponse sur l'admission ou le refus.
On appelait alors le bachelier avec son régent dans le sein du
conclave.

Le chancelier assignait au candidat reçu l'heure et le lieu
où il devait solennellement recevoir le *Signetum* (1), à l'heure
des vêpres, de façon à ce que cette cérémonie pût être annon-
cée le matin dans la classe des régents par le bedeau qui le
faisait généralement en ces termes :

« Frère X... examiné et reçu en la sainte Faculté recevra le
Signet aujourd'hui à l'heure des vêpres dans un tel couvent ou

(1) Præterea magna cum pompa fit modus signetorum in qualibet
facultate ; quoniam licentiandi eligunt inter se aliqua certa loca, utpote
collegia honorabiliora pro dictis Signetis celebrandis, et in quolibet
quinque, sex aut septem, vel octo prout exigit numerus : idque
expensis communibus præparantur loca cum tapetis et vasis aureis
et argenteis, optimoque vino et speciebus sumendis per D. Doctores et
alios assistentes, vel ingredientes et per omnes post ipsum actum
debite completum, Rectore semper ipsius Universitatis assistente.
Signeta autem dicuntur ille actus solemnis qui fit pridie licentiarum,
ubi comparent illi de illo Signeto recti secundum ordinem scolæ et ibidem D. Rector... et infiniti alii in scamnis ornatis sedentes. Et hora
assignata venit paranimphus seu legatus D. Cancellarii ad diem crasti-
nam in aula D. Parisiensis episcopi gradum licentiarum accepturi.
— (Du CANGE)

dans tel endroit ; c'est pourquoi il prie et supplie vos seigneuries
de vouloir bien l'honorer de votre présence. »

Tout bachelier examiné et reçu d'une manière ou de l'autre, devait aussitôt rendre visite aux révérends professeurs
qui l'avaient examiné, les remercier de leur témoignage élo-
gieux et de la grâce qu'ils lui avaient faite.

Il allait ensuite, toujours précédé du bedeau portant la
masse, visiter le chancelier, le recteur, les docteurs, les conseillers, les nobles, les syndics de la ville et les autres personnages notables et les prier d'honorer de leur présence la
réception du Signet.

Pour éviter un trop grand nombre de ces cérémonies, le
chancelier pouvait accorder la dispense ; on procédait alors
pour la remise de la licence comme dans les autres facultés.

Après avoir reçu la licence et prêté le serment entre les
mains du chancelier, le bachelier admis recevait le siège (sta-
tum) qu'il voulait, pourvu que ce ne fut pas le siège doctoral,
et il offrait au Chancelier, au Recteur, aux régents, aux docteurs, aux nobles et aux notables présents dans la salle, une
collation avec des épices fraîches, du vin blanc, clairet, rouge
suivant la coutume, et, s'il le voulait, d'une manière plus
convenable. Il pouvait se faire reconduire à son domicile ou
à son couvent par la société qu'il se choisissait et avec les musiciens qu'il voulait.

Le nouveau licencié en théologie prêtait le serment suivant :

« Moi X..., bachelier examiné et approuvé, je jure d'observer
l'honneur de notre vénérable Université et l'avantage du Chancelier
et du Recteur présents et futurs. Je ne serai point d'une société où
l'on tramerait quelque chose contre elle ; et si cela arrivait à ma
connaissance, j'en ferais part au Chancelier et au Recteur, et je
soutiendrai l'Université en tout et partout. Je m'en rapporterai à
mes révérends professeurs et je me contenterai du grade et du lieu
que l'on m'assignera. S'il m'arrivait de m'absenter de cette ville et
que l'Université eut besoin de mes services pour faire des lectures

ou passer des actes, de mon conseil ou de mon appui, je me rendrais
à la première intimation qui me serait faite par le Chancelier, ou le
Recteur, ou leurs remplaçants. Je ne régenterai pas ailleurs que
dans cette Université, et je ne demanderai à personne de me délier
de mon serment. Si cette dispense m'était spontanément offerte, je
la refuserais. Si je tentais de faire le contraire, ce qui n'est pas
probable, je promets et je jure de satisfaire pleinement mon professeur, et de payer intégralement les droits généraux et particu-
culiers de l'Université, du Chancelier, du Recteur et du bedeau, et
d'observer les statuts présents ou à venir, les coutumes et libertés
de notre Université. Je le jure aussi pour le cas où il m'arriverait
de parvenir au grade de régent. Que Dieu m'aide et cela sur le
saint Evangile. »

Avant de sortir du conclave des régents, le chancelier con-
fiait au professeur, qui avait présenté le candidat, la mission
de lui conférer les insignes magistraux et la licence de lire,
d'enseigner, de faire des gloses, prendre des décisions et faire
des interprétations ici et en tous lieux à la louange, l'honneur
et la gloire de celui qui vit éternellement et dont le règne est
béni. Amen.

Si le nouveau licencié était d'un couvent, il devait offrir une
fête à son régent, au bedeau et à sa communauté ; s'il n'était
pas conventuel il la payait à son professeur et au bedeau.

VESPÉRIES. — On appelait Vespéries (*vesperiæ*) le dernier
acte scolaire que les étudiants en théologie devaient subir dans
l'Université avant de parvenir à la dignité de docteur. Il avait
lieu la veille du jour où le candidat devait recevoir le bonnet
doctoral; il consistait en une discussion que le bachelier soutenait contre deux ou trois docteurs.

Les statuts exigeaient que chaque candidat aux vespéries
fit la veille une visite au chancelier, au recteur, aux révérends
professeurs, aux docteurs, aux conseillers royaux, aux syndics
et autres nobles de la ville suivant leur dignité, toujours ac-

compagné du bedeau, la masse sur l'épaule, pour les prier d'assister à ses vespéries.

Dans cette visite, il était accompagné de son régent et de huit ou dix de ses collègues ou d'autres étudiants.

Le matin de son examen, le régent, qui avait le candidat dans sa classe, faisait devant les bacheliers le résumé de son cours, si c'était nécessaire. De plus, le bedeau allait dans les classes des régents annoncer que M. un tel, régent, ferait soutenir après déjeuner les vespéries à M. un tel licencié, et priait ces Messieurs d'assister à cet acte. Après déjeuner, le recteur se rendait avec les étudiants, les régents et les docteurs au lieu de l'examen, et lorsque le professeur du candidat était prêt à commencer, le bedeau disait : « De la part du Recteur commencez, au nom de Dieu ». Les régents ou les bacheliers préparés répondaient sur la question examinée et suivant l'usage, deux régents argumentaient contre le candidat.

Le professeur, en faisant procéder aux vespéries de son licencié, devait veiller à ce que cela se fît d'une manière convenable, et éviter que les étudiants ne débitassent des farces contre son candidat, et lui-même devait donner l'exemple puisqu'il devait empêcher chez les autres ce mode d'amusement qui pouvait faire rire les assistants.

Après les vespéries, le candidat devait faire faire aux membres présents de convenables libations avec des vins blanc et clairet et les meilleures épices (*honestam potationem cum vinis albo et clareto et optimis speciebus*).

Les vespéries finies, le bedeau annonçait le matin dans les écoles que, tel jour au matin, M. un tel reçu à cet acte, recevrait les insignes magistraux dans l'église Saint-Sauveur, et que tous voulussent bien l'honorer de leur présence, et qu'il y aurait des bonnets et des gants pour les présents suivant leur dignité.

Le bedeau devait avoir le soin de faire sonner la cloche le soir et le matin après l'*Ave Maria*, et lorsqu'on allait chercher le candidat afin que l'on sut qu'on allait accomplir un acte scholastique.

Au jour fixé, le recteur, les régents et les docteurs, précédés du bedeau portant la masse, allaient chercher le candidat chez

lui pour le conduire dans la salle où il devait recevoir les insignes. Au départ de la maison, le bedeau tenait le bonnet de
la maîtrise orné d'une houppe de soie blanche et marchait le
premier. Venaient ensuite le recteur avec le candidat et son
régent, les autres suivaient et le cortège se rendait à Saint-
Sauveur où l'on avait préparé les sièges comme pour les autres
doctorats. Là deux bacheliers répondaient sur la question examinée, à moins que l'on ne jugeât convenable de faire autrement par pénurie de lecteurs.

Le nouveau maître était tenu de payer une fête au recteur,
à son régent, au bedeau, et à son couvent s'il en était bachelier, et s'il n'était pas conventuel aux susdits ainsi qu'aux syndics de l'Université, au trésorier et à tous ceux d'ailleurs qu'il
lui convenait d'inviter, sauf dispense.

FRAIS DES EXAMENS EN THÉOLOGIE. — Comme il ne serait
pas magnanime de laisser quelqu'un semer des choses spiri-
tuelles pour récolter des choses charnelles (*quia non est mag-
num, si quis seminet spiritualia metit carnalia*) et qu'il ne
serait pas raisonnable de laisser acquérir les honneurs sans
dépens, il est juste de rendre à chacun ce qui lui appartient,
et de ne pas exiger plus de l'un que de l'autre; nous donnons
donc ici amplement spécifiées les charges que doivent subir les
étudiants en théologie et les frais qu'ils doivent acquitter.

Et d'abord *à l'Université* :

Pour l'incorporation et le premier principe de cha-
que bachelier . . . . 1 florin

Pour le 2e, 3e, 4e principes et les quolibétaires, pour
chaque. . . . . 3 gros

Pour la licence. . . . . 2 flor.

Pour la maîtrise. . . . . 3 flor.

Au Chancelier :

Tant pour l'examen privé que pour la licence. . . . . 4 flor.

Pour la maîtrise . . . . 2 flor.

Au régent :

Pour le premier principe. . . . . 1 flor.

Pour les quolibétaires (1)..................... 1 flor.
Pour le troisième principe................... 1 flor.
Pour les ordinaires........................ 1 flor.
Pour la présentation à l'examen.............. 2 flor.
Pour chaque régent examinateur.............. 2 flor.
Pour les vespéries ou la maîtrise .... 1 flor.
Pour les deux régents argumentant aux vespéries,
à chaque................................. 1 flor.

Le jour de sa maîtrise, le candidat pouvait, s'il le voulait, habiller son régent avec la chape ou avec la robe; s'il ne le voulait pas il lui payait 5 florins et son bonnet devait avoir une houppe de soie blanche comme devant recevoir la maîtrise. Il donnait en outre 1 florin au clerc de son régent.

Pour les 4 régents qui font passer l'acte dans la salle, à chaque................ (*unum francum*) 1 fr.
Pour la préparation des chaises, du chœur, de la sacristie .... 6 gros.
Aux carillonneurs, pour le son de la cloche ...... 6 gros.

Au Recteur :

Pour l'incorporation, comme c'est l'usage........ 1 flor.
Pour le premier principe .... 6 gros.
Pour les 2e, 3e, 4e principes et les quolibétaires,
pour chaque.............................. 3 gros.
Pour la licence .... 2 flor.
Pour la maîtrise .... 2 flor.

Au Bedeau :

Pour ses peines, à savoir pour l'incorporation..... 1 gros.
Pour le premier principe..................... 6 gros.
Pour les 2e, 3e, 4e principes et les quodlibétaires,
pour chaque.............................. 3 gros.
Pour la licence............................. 1 flor.
Pour la maîtrise et les vespéries .... 3 flor.

---

(1) Quodlibetum, scholasticis, pluribus abhinc sæculis, de quo in utramque disseritur partim, ex eo dictum, quia, quod libet, defenditur. Hinc quodlibetariæ quæstiones e saniori theologia, quod curiositati fere servirent, non utilitati. (Du Cange).

Si quelque régent avait pris son grade ailleurs que dans notre Université, ajoutent les statuts, et qu'il voulût être agrégé, il devait payer les droits aux régents et aux docteurs en l'un et l'autre droit, et en outre donner des bonnets convenables et des gants.

De plus tout candidat à la maîtrise devait donner des bonnets en nombre suffisant au chancelier, au recteur, aux régents, aux docteurs, au bedeau, aux syndics de la ville et autres, comme nous l'avons dit pour les candidats aux autres doctorats; et la vérification devait en être faite par le recteur, un docteur élu par ses collègues et deux conseillers; et l'on devait faire les fêtes et les solennités pour les messieurs qui assistaient aux actes.

Les statuts exigeaient enfin que chaque étudiant entrant, avec ou sans livres, payât une fois dans l'année à son docteur une quotepart de 1 florin, à moins que le recteur ne lui en fit grâce pour l'amour de Dieu, ou que le docteur ne fut stipendié par la ville.

Comme on vient de le voir, ces dépenses de musiciens, de collations, de libations, de bonnets, de gants, de fêtes, de bals, d'offrandes et de frais d'études n'étaient rien moins que fantastiques et ruineuses.

Les statuts de l'Université disaient encore que les lectures ne devaient commencer que lorsque la cloche aurait fini de sonner, et finir à la seconde sonnerie, afin que la discipline fut observée à l'entrée et à la sortie des classes; et pour mieux faire, le recteur était tenu de fixer la durée de la sonnerie.

Comme il pouvait advenir que des docteurs ou licenciés dans la première, seconde, troisième année de lecture, ou même les suivantes, présumant de leur capacité plus qu'il ne convient en vérité, voulussent donner à leurs écoliers des notes (*postillas, post illa verba*) qu'ils ne comprendraient pas, ni ceux qui les écriraient, les statuts défendaient d'annoter les écrits à moins d'être gradué, ou d'être dispensé par le recteur après l'avis des docteurs faisant des lectures, ou qu'on ne fut si docte que par sa propre capacité on ne méritât de s'accorder la licence.

Les auteurs de ces statuts se réservèrent le pouvoir d'en faire de nouveaux sur les droits et les choses déjà dites, et s'il en était besoin dans la suite de les changer en tout ou en partie suivant les pouvoirs et les privilèges qui leur avaient été concédés par les souverains pontifes, le roi de bonne mémoire Louis II et les autres princes.

Et sic finis ad Dei laudem et gloriosæ Virginis ejus matris, et Sanctæ Catharinæ, omnium sanctorum santarumque. Deo gratias.

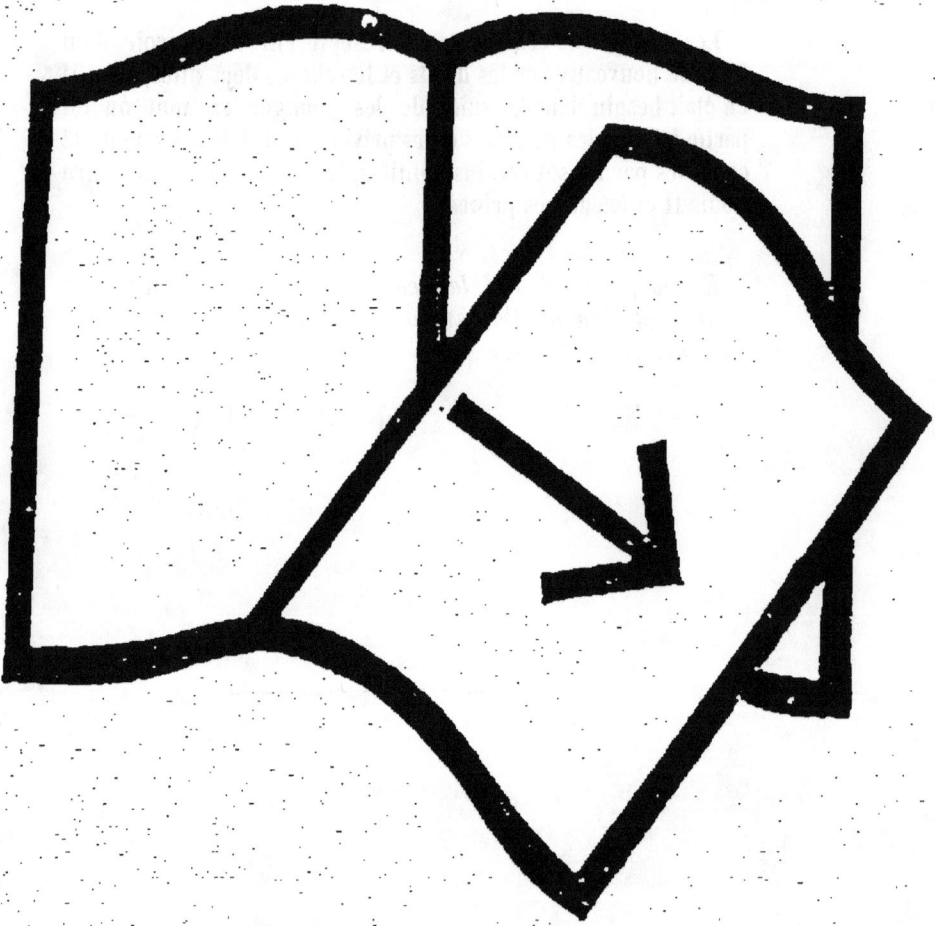

Documents manquants (pages, cahiers...)
NF Z 43-120-13

www.ingramcontent.com/pod-product-compliance
Lightning Source LLC
Chambersburg PA
CBHW072116090426
42739CB00012B/2991